歴史文化ライブラリー

357

山城国一揆と戦国社会

川岡 勉

目 次

山城国一揆とは何か――プロローグ

1　山城国一揆とは何か

日本中世後期（南北朝・室町・戦国時代）は、一揆の時代であるとされる。武士も農民も僧侶も、さまざまな階級・階層の人々がそれぞれの目的に応じて一揆を結んで集団的な行動を展開した。起請文を取り交わし、一味神水の儀式を行って、共通の目的を実現するために団結することを誓約したのである。数多くの一揆の中にあって、とくに異彩を放っているのが山城国一揆である。文明十七年（一四八五）、南山城（現在の京都府南部）の国人たちは、延々と争いを繰り広げていた両畠山氏の軍隊を国外に退去させ、それ以後八年間にわたって一揆による自治的な支配を実現した。戦国社会における下剋上の風潮を象徴する事件であると同時に、地域の秩序を住民が主体的に担ったという点で日本歴史上に特筆される出来事である。

この山城国一揆の歴史的意義に初めて注目したのが、京都帝国大学の国史学教授であった三浦周行である。三浦は、今から一〇〇年前、明治から大正へと元号が変わる一九一二年に「戦国時代の国民議会」という論文を執筆した。この論文は、「日本中世史研究における一揆史研究の嚆矢」(佐藤和彦「中世一揆史研究の軌跡」)であるとともに、「わが国人民の自治的伝統を明らかにした記念碑的著作」(朝尾直弘「解説」)として高い評価が与えられている。出雲国の松江で生まれた三浦は、帝国大学文科大学国史科で歴史学を学び、文科大学内に置かれていた史料編纂掛に勤務した後、一九〇七年に開設された京都帝国大学史学科に移って京都における近代歴史学の基礎を作った人物であり、日本法制史・日本中世史の権威として広く知られている。

「戦国時代の国民議会」が執筆されたのは、日本国内で社会矛盾が深まって労働争議が広がり、社会運動や社会主義思想が注目を集めていた時代である。一方で、前年の一九一一年には、幸徳秋水らが大逆事件により処刑され、国定教科書の記述をめぐって「南北朝正閏論」が政治問題となるなど、社会主義を弾圧して言論や学問を脅かす動きも本格化していた。

同じ頃、中国では清朝打倒をめざす辛亥革命が起こっており、一九一二年正月に中華民国が成立する。三浦は、中国の動乱は日本史における戦国時代を再現するように思えると記し、動乱後に各地で開設されていた保安会・市民会が戦国時代の国一揆と類似していることに注意を向ける。「戦国時代の国民議会」は、帰趨さだまらぬ中国の生々しい動乱状態を前にして、不安と緊張を伴いながら書かれたものであり、中国の保安会が三浦の一揆論にある種のインスピレーションをもたらしたとされる（岸本美緒「動乱と自治」）。

三浦は、戦国時代には武士本位の階級制度が崩壊に瀕す一方、身命財産の危害と階級制度の崩壊が武士以外の平民階級の覚醒を促し、都市でも農村でも自治団体を作り代表機関を設けて行政を担う動きが認められ、それを大規模な形で示したのが山城国一揆であったとする。両畠山氏の軍隊を追い出した山城の国民は、文明十七年（一四八五）十二月十一日の国民議会、翌十八年二月十三日の第二回国民議会を開催し、中立国にふさわしい法制や行政機関を整えていった。三浦はそれをわが国における自治体の起源をなす動きとして高く評価し、山城国一揆を振り返ることは昨今の社会問題を考える上でも参考になるとしている。「戦国時代の国民議会」という論文が、すぐれて現実的な問題意識に触発されて書かれたものであることがうかがえよう。

このようにして研究の手がつけられた山城国一揆が、再び注目を集めるようになるのは一九三〇年代のことである。中でも、社会科学的な方法を駆使して国一揆の成立から崩壊までの過程を詳細に分析し、国一揆の性格を封建社会の確立過程の中に位置づけようとしたのが、鈴木良一「応仁の乱に関する一考察」（一九三九年）である。鈴木の研究は、戦後に発表される「純粋封建制成立における農民闘争」（一九四九年）につながっていくことになるが、一九三〇年代から四〇年代に侵略戦争が拡大する時代状況の中で、人民にとって戦争は何であるかを考えたいという思いが研究の基礎にあったとされる（鈴木『戦国の動乱』）。このように、山城国一揆に関する研究は、時代の節目節目における研究者自身の抱える切実な問題意識を背景に取り組まれ、深められてきたのである。

「戦国時代の国民議会」が書かれて以来、さまざまな角度から国一揆の歴史的意義を論じた学説が提示され、研究の精緻化と歴史認識の深まりが進行した。それを振り返ってみると、国一揆に対する見方は戦国時代をどのような時代と把握するかという問題と分かちがたく結びついているように思われる。通説に従って応仁の乱から天下統一までを戦国時代と捉えた場合、その一〇〇年余りの期間は決して固定的な社会ではない。むしろ、中世から近世へと社会構造が大きく転換する極めて流動的な時代状況こそが戦国時代の特徴なのであり、いくつかの段階的な差に着目しながら生起する諸事象を読み解いていく必要がある。国一揆が勃発したのは戦国時代のごく初期の段階であり、応仁の乱が終結したとはいえ、大乱を引き起こすきっかけとなった両畠山氏の抗争が継続し、両者の軍事的緊張が頂点に達していた時点であった。なぜこのタイミングで国一揆が起き、どのような形で収束していくのか。それを明らかにするためには、それを取り巻く政治・社会状況と緊密に結びつけて考察を深めていかなければならないであろう。

また、地域的な特質が極めて多様な形で展開するのも戦国時代の特徴である。中央政府の求心力が低下し、国家による社会統合が弱体化する中で、それぞれの地域で多様な社会秩序が模索されていった。したがって、特定の地域で認められる現象を安易に普遍化したり典型視したりするような見方では、この時代に各地で生起する諸事象を捉えきれない。山城国一揆についていえば、国一揆の舞台になった宇治川以南の南山城における地域社会秩序の特質を踏まえて、この地域で国一揆が起きた理由を探る必要があろう。国一揆の歴史的性格を明らかにするためには、時代状況を十分にふまえつつ、かつ地域的特質と関連づけながら議論を展開しなければならないのである。

山城国一揆には、当該期の諸勢力の社会的配置や相互関係が集約的に表現されており、国一揆を階級闘争に単純化したり、下級人民による共同運動に還元したりする見方は、もはやそのままでは成り立ちがたい。国一揆を主導した国人層の動き、彼らと幕府―守護支配との関わり、幕府と守護の関係、荘園領主の対応、国人と土民の関係、民衆世界を構成する農民・商工業者・運輸業者・宗教者らの動向など、諸階層の複雑な動きがからまっており、それを解きほぐして理解するのはなかなか厄介である。しかし、研究の深まりによって国一揆を構造的かつ多面的に捉えていく条件がようやく生まれてきたようにも思われる。

本書においては、山城国一揆の成立・展開・解体のプロセスを、残された史料をもとにできる限り正確に再構成した上で、国一揆の歴史的性格を探っていくことにしたい。そのためには、山城国一揆という事件だけを取り出して論じるのではなく、国一揆の舞台となった南山城という地域の特質や、国一揆が起きた応仁の乱後という時代状況を十分にふまえておく必要がある。まず、国一揆の舞台となった南山城地域とはどのような場所であったかを見ていくことから始めよう。

国一揆の舞台

荘園の広がりと国人・百姓

山城国の地理的特性

山城国は宇治川を境にして南に木津川の形成する低地が広がり、北には桂川・鴨川の水系が作った京都盆地が開けている。そして、周囲の山々をはさんで近江・丹波・摂津・河内・大和・伊賀などの諸国と隣接している。こうした地理的な特性に対応して、山城国は南の上三郡と呼ばれる久世・綴喜・相楽郡と、北の下五郡と呼ばれる乙訓・紀伊・宇治・愛宕・葛野郡に区分される。このうち、国一揆の舞台となったのは、宇治川より南、すなわち宇治から木津までの南山城である。この地域は、平安時代以来の王城の地である京都盆地の南郊に位置し、木津川の形成する肥沃な平野が広がる農村地帯である。木津川の提供する豊かな用水は一帯の水田を潤し、各時代

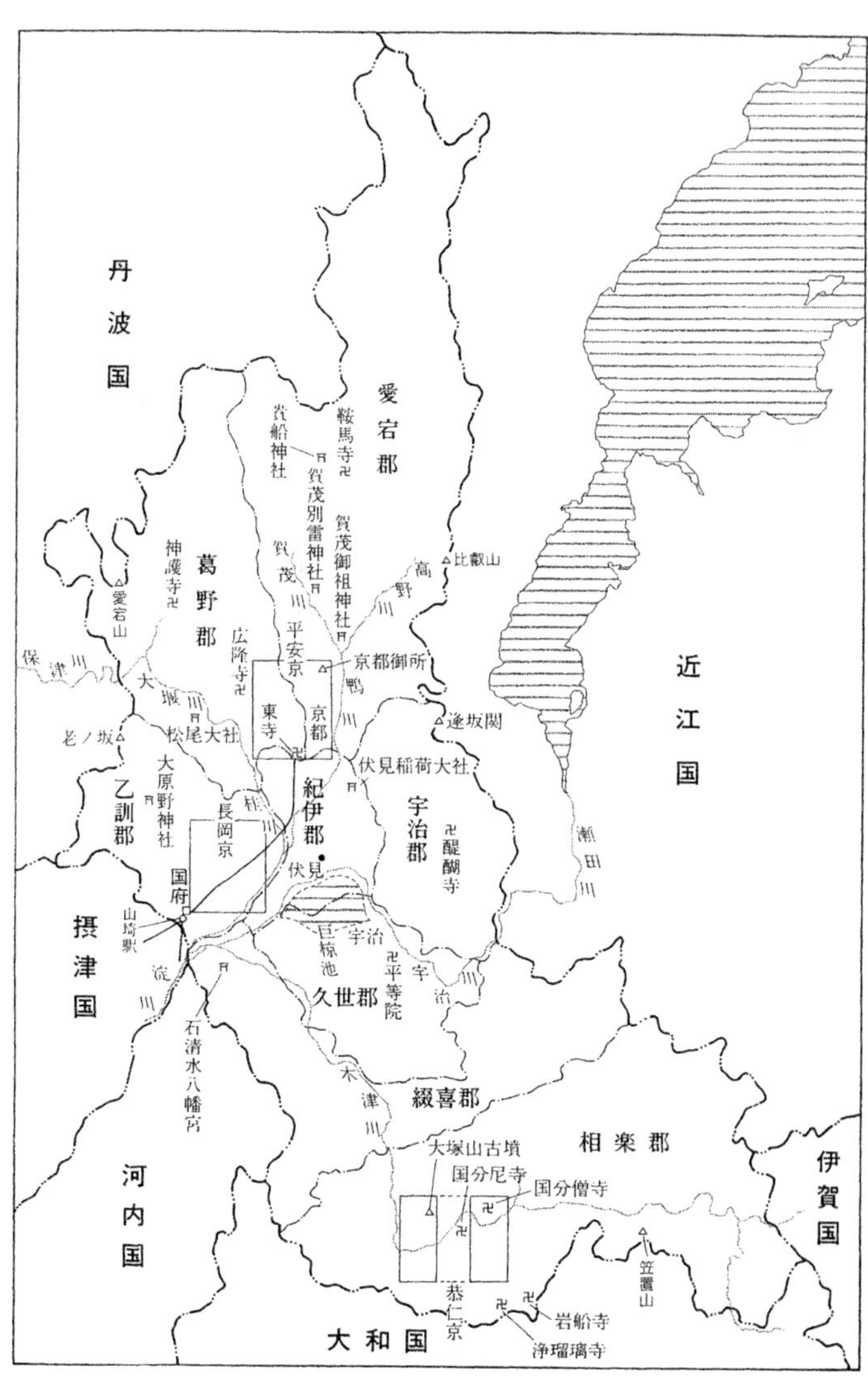

丹波国
愛宕郡
貴船神社
鞍馬寺
賀茂別雷神社
賀茂御祖神社
比叡山
高野川
神護寺
葛野郡
愛宕山
賀茂川
平安京
広隆寺
京都御所
保津川
大堰川
鴨川
東寺
京都
近江国
逢坂関
老ノ坂
松尾大社
伏見稲荷大社
乙訓郡
大原野神社
長岡京
紀伊郡
宇治郡
醍醐寺
桂川
瀬田川
国府
伏見
山崎駅
摂津国
巨椋池
宇治
平等院
宇治川
淀川
久世郡
石清水八幡宮
木津川
綴喜郡
相楽郡
大塚山古墳
国分尼寺
国分僧寺
伊賀国
河内国
笠置山
恭仁京
岩船寺
浄瑠璃寺
大和国

図1　山城国地図

の諸勢力を支える経済的な基盤となった。

荘園・所領の分布

京都に近いために、南山城地域には天皇家の領地である禁裏料所や、摂関家をはじめとする公家の荘園が数多く存在していた。また、東寺・醍醐寺・賀茂社・北野社など洛中・洛外の寺社の荘園も各地に分布した。綴喜郡に鎮座する石清水八幡宮も、同郡内や隣の久世郡などを中心に所領を確保し、大きな勢力を築いていた。中世の後期、室町時代に入ると、将軍家御料所や幕府の奉行人・奉公衆の所領、守護領や守護被官・国人などの武家領が増加し、幕府と関わりの深い相国寺・東福寺など禅宗寺院の所領も広がりをみせていくことになる。

一方で、南山城は古くから南の大和の勢力とも関わりが深く、興福寺・東大寺・元興寺・西大寺・法隆寺など南都諸大寺の荘園や所領が広く分布していた。中でも興福寺領の荘園は数多く、『大乗院寺社雑事記』（以下『雑事記』と略す）の文明十六年（一四八四）九月十七日条には、「春日社兼興福寺領山城国庄々」として七ヵ所の所領が書き上げられている。それによれば、狛野荘・加茂荘・綺荘・大住荘の四ヵ所が「寺務領」、狛野荘のうち加地子方が「仏地院領」、そして古河荘（菅井荘とも号す）および木津荘のうち御童子田の二ヵ所が「大乗院領」であったとされる。すべて相楽郡・綴喜郡に所在する所領であり、両郡が興福寺の強い影響下にあったことがうかがわれる。興福寺と一体的な存在である春日社の末社も南山城各地に勧請されて、人々の信仰や芸能・精神生活などに大きな影響を与えていた。

京都周辺の荘園は概して小規模かつ散在的であり、諸権門の所領が複雑に入り組んで分布する。これに伴って、荘園の領有をめぐる権門間の争いや荘民どうしの相論がしばしば起きている。鎌倉時代に起きた綴喜郡の大住荘と薪荘の境相論は、興福寺衆徒と石清水神人の強訴に発展して中央政界を揺るがした事件としてよく知られている。室町時代になると、武家の勢力拡大が寺社本所領を脅かし、永享四年（一四三二）八月には久世郡の相国寺領寺田荘と小笠原持長の知行分である富野郷の境相論が幕府法廷に持ち込まれている。文安四年（一四四七）の相楽郡の祝園荘をめぐる春日社・興福寺と一条家の紛争では、関白一条兼良が祝園荘は摂関家が相伝する摂籙渡領だとして領有権を主張したのに対し、興福寺側は当荘が春日社へ寄進されているとして強訴に及び、社家の領有を認める綸旨・武家御教書をかちとっている（『建内記』文安四年十一月二日・三日・十八日条）。

山城の経済的重要性

嘉吉元年（一四四一）、室町幕府の六代将軍足利義教が暗殺されると、荘園制の存立を体制的に保障してきた室町幕府―守護体制と呼ばれる武家の権力秩序が次第に変質をみせていった。荘園年貢の京上を促すメカニズムが機能低下をきたし、とくに遠方の荘園からの年貢徴収が困難に陥る中で、京都周辺の所領はそれまで以上に重視されるようになった。山城国内に所在する荘園では、年貢・公事・夫役を現物で納める体制が遅くまで維持されており、荘園領主の日常生活を直接的に支える経済基盤として存在意義を高めていくのである。

山城の有する経済力を重視したのは、寺社本所勢力だけではない。応永元年（一三九四）に三代将軍足利義満が側近の結城満藤を山城国守護に任じて北山第造営の財源確保を図り、同十三年にも四代将軍義持の御所新造のため山城に段銭（田地一段別に徴収される税）が賦課されるなど、早くから山城国内に負担を強いる形で幕府関連の施設を建造する動きが認められる。幕府―守護体制の変質はこうした傾向に拍車をかけ、八代将軍義政は将軍職を義尚に譲った後に東山山荘の造営に着手し、その費用を捻出するために山城御料国化政策を推し進めていくことになる。

全国に分布する御料所の一覧表を示して室町幕府の経済構造を論じた桑山浩然は、山城国内に一七ヵ所の御料所（幕府直轄領）を検出している（桑山『室町幕府の政治と経済』）。「諸国御料所方御支証目録」に掲載された山城国守護職・稲八妻（相楽郡）をはじめ、草内郷飯岡所務職（綴喜郡）・富野（久世郡）などである。文正元年（一四六六）十月、幕府の政所執事を務める伊勢貞親の被官蜷川親元が作成した稲八妻荘の年貢注文によれば、一四〇石余りの年貢米のうち一〇〇石が御屋形分（伊勢貞親分）とされ、そのうち五一石余りが伊勢氏の倉に納められた（『蜷川家文書』五五・五六）。このように、幕府財政を預かる伊勢氏が、御料所である稲八妻荘を管理していたことが読み取れる。政所管理下の御料所は、伊勢氏による政所執事の世襲に伴って定着し、将軍家が必要とする費用をそこから提供する仕組みが戦国期まで維持されたことが田中淳子によって明らかにされている（田中「室町幕府御料所の構造とその展開」）。

住民の結びつき

稲八妻荘の公文を務めていた進藤氏は伊勢氏の被官であったが、寛正六年（一四六五）には進藤氏が罪を犯したとされて伊勢貞親から討伐されるという事件が起きている。この時、幕府は山城国守護代や木津執行、筒井・番条・高山ら大和の国人、綴喜郡・相楽郡内各地の「名主沙汰人中」に宛てて、「もし親類被官人中、同意・与力の族あらば、其咎に処さんがため交名注申すべし」と指示し、進藤に同意・与力する者がいれば処罰することを伝えている。これは進藤に加勢する者たちが荘園・郷村に広く存在していたことをうかがわせる記述であり、のちに山城国一揆が鎮圧された時に進藤は伊勢氏に背いて抗戦しているのを考え合わせると、こうした荘郷の枠組みを越えた住民の結びつきが南山城における国一揆や土一揆を生み出す基盤になったものと思われる。

室町時代の村々では、村人による「惣」と呼ばれる自治的な村落結合が形成され、氏神・鎮守神を祭る組織である宮座が発達するなど、生業や信仰・芸能等を通じて人々のつながりが深まりをみせていた。百姓たちはこれを基礎にして年貢の減免要求や未進・逃散など領主支配への抵抗を試み、馬借などの運送業者とともに徳政を求めて「土一揆」と呼ばれた広域的な闘争に加わることもあった。

荘園支配のシステム

これに対し各荘園では、荘園領主の指令をうけて実務を担当する荘官たちが、百姓たちに年貢以下の納入を命じて現地の支配を支えていた。文明十二年、相楽郡の興福寺領狛野荘では、狛氏が下司職と公文職を所持し、同じ一族である延明寺が刀禰職を務めていた（『雑事記』文明十二年五月四日条）。また、狛野荘の両沙汰人のうち、南荘（上狛）の浄阿弥は下司の被官人、北荘（椿井）の明禅は椿井氏の被官人であったとされる（『雑事記』五月三日条）。南荘の沙汰人が狛下司の被官に組織され、北荘の沙汰人は椿井氏のもとに被官化していたのである。沙汰人は職事とも呼ばれ、十二番頭を指揮して年貢や公事の収取、隠田の摘発・注進などを担う村の指導者的な存在であった。「両沙汰人合わせて五人の職人なり」とあり、下司・公文・刀禰の三職に両沙汰人を合わせた五人が狛野荘の管理責任者であったことが読み取れる（『雑事記』五月四日条）。『雑事記』の同年六月六日条には「当庄十八名の在所なり、下司二名、公文一名、職事二名、十三名百姓」とあり、彼らの負担する米・麦・銭などが書き上げられている。狛野荘の田畠は一八の名に編成され、これを単位に年貢・公事を徴収する仕組みが作られていたのである。

文明十七年十二月、山城国一揆の勃発をうけて、狛野荘加地子方の直務支配回復をめざす興福寺は春日神人を上使として派遣したが、この時、狛野両沙汰人（両職事方）と狛野一二番頭に奉書を発給して直務支配への協力を求めた（『雑事記』十二月二十六日条）。両沙汰人が奈良にやって来ると、興福寺は両人に対して神人に同道して下向するように命じた（内閣文庫蔵『狛野庄加地子方納帳』）。両沙汰人は直務支配の回復を歓迎する意向を表明するとともに、寺家に対して緩怠なく協力することを誓っている。当所では、両沙汰人の指導のもとで、有力百姓である番頭たちが貢租の徴収などに従事していたものと考えられる。

狛氏と大里集落

その翌年正月には、狛野荘の沙汰人は、当荘の三職、すなわち下司・公文である狛氏と刀禰の延命寺にも加地子方の直務を伝える奉書を出すことを興福寺に求めている（『雑事記』文明十八年正月二十日条）。これは、下司・公文・刀禰を務める国人層の協力が荘園支配を回復する上で不可欠だったからであろう。沙汰人らの意向を伝え聞いた大乗院尋尊は、正月二十五日に三職に宛てて奉書を給付している。このように、当所においては三職—両沙汰人（職事）—番頭という系列で現地を支配するシステムが存在していたのである。

狛野荘の下司・公文を務める狛氏は、応仁の乱では細川氏の配下に属し東軍として活動する国人であった。前述したように、狛氏は南荘の沙汰人を被官人として組織しており、有力な荘民を被官百姓に組み込むことで在地に強固な基盤を打ち立てていた。一方、狛氏のライバルであり西軍に所属した椿井氏も、北荘の沙汰人を被官人にするなど荘民を被官百姓として組織していた。このように、山城の国人層は各荘園内の沙汰人・百姓層を被官関係に組織し、国人と土民が緊密に結びつく状況が展開していたのである。

南山城地域には、集落の周囲に堀や垣根を巡らす環濠集落や垣内集落が各地に存在して

図２　大里集落の図（写真左上から右下に走るのが国道24号線．国道より北に位置するのが環濠集落．木津川市教育委員会提供）

いた。狛野荘（南荘）の中心集落であった上狛の大里は、舌状台地の西端の微高地に位置する環濠集落であり、集落の中央を南北に貫く形で奈良街道が通っている。東西約三三〇メートル・南北約三六〇メートルの広さをもつ集落の周囲に堀をめぐらし、堀の内側には土塁を設け、集落内部を走る道を屈曲させるなど、防御を固め敵の侵入を防ぐた

図3　環　　濠

めの工夫が凝らされていた。

大里集落の中央部のやや北寄りに約六〇メートル四方の狛氏の居館跡とされる一画があり、その西北隅には大井戸の跡が残されている。居館は狛野荘の政所の機能を果たしていたと考えられ、近くの西福寺（さいふくじ）には狛氏一族の墓地が存在し、織田信長に仕えた狛秀綱の画像が伝来している。また、東方約三キロの地点に「城山」と呼ばれる山があり、中世には高之林城という城郭が築かれていた。狛氏は居館と山城を拠点として、一帯ににらみをきかせていたものと考えられる。

南山城では、こうした下司・公文ク

ラスの国人が各郷村を足場に勢力を確保し、拠点となる集落に居館や城郭を構えて割拠していた。文明十五年に狛氏が逐電した時には、たちまち狛野荘は「一庄不作」となったとされ、百姓たちも狛氏に従って逃散したようである（『雑事記』十月六日条）。狛氏などの国人層と在地とのつながりは強いものがあったとみてよかろう。

水陸交通の発達と土一揆

首都経済圏の成立

荘園制を基軸に成り立つ中世社会においては、荘園領主の集住地である京都や奈良を中心とする求心的な経済構造が存在していた。室町時代に入ると、京都に幕府が置かれ守護も在京を原則としたため、京都の消費人口はさらに増えて商工業は高度な発達を遂げた。応仁の乱が起きて京都が荒廃すると求心力に低下がみられるものの、淀・八幡・堺など周辺の各地には流通拠点が形成され、京都・奈良を核として周辺の都市群の影響下にある地域を含みこんだ首都経済圏というべき領域が成立する（市村高男「中世西日本における流通と海運」）。南山城地域もその一角を占めて、活発な経済活動が展開していくのである。

南山城三郡は、南の奈良盆地と北の京都盆地を結びつける交通の要衝に位置している。この地域を流れる木津川は、古くから伊賀・大和・山城を結ぶ水上交通路であり、木材輸送をはじめ各種の物流を支えた水運の大動脈であった。木津川は東の伊賀から南山城に流れ込んだ後、相楽郡の木津で流路を変えて北上し、綴喜郡と久世郡の間をぬけて八幡市橋本付近で桂川・宇治川と合流し、淀川となって大阪湾に流れ下る。木津川水運は淀川を介して大阪湾や瀬戸内海と結合し、宇治川をさかのぼれば近江の琵琶湖水運とつながり、さらに桂川・鴨川水系を介して京都とも通じていた。公家や僧侶が奈良と京都の間を移動する際にも、木津川の水上交通が利用されるケースが少なくない。

交通の要衝・木津

木津川の流路が西から北へと流れを変える地点の南岸に位置する木津は、古くから水陸交通の結節点として重要な位置を占めた。当地は奈良の外港という性格をもっており、南都の大寺院を建設する時の用材は木津川を利用して木津まで送られ、ここで陸揚げされてから奈良に運び込まれた。これに伴って、木津には材木の調達・購入・貯蔵・運搬・加工などを行うため、薬師寺・大安寺・東大寺・興福寺など諸大寺の木屋が設けられ、各寺院の寄人や関連する運送業者・商工業者などが集住していくようになる。

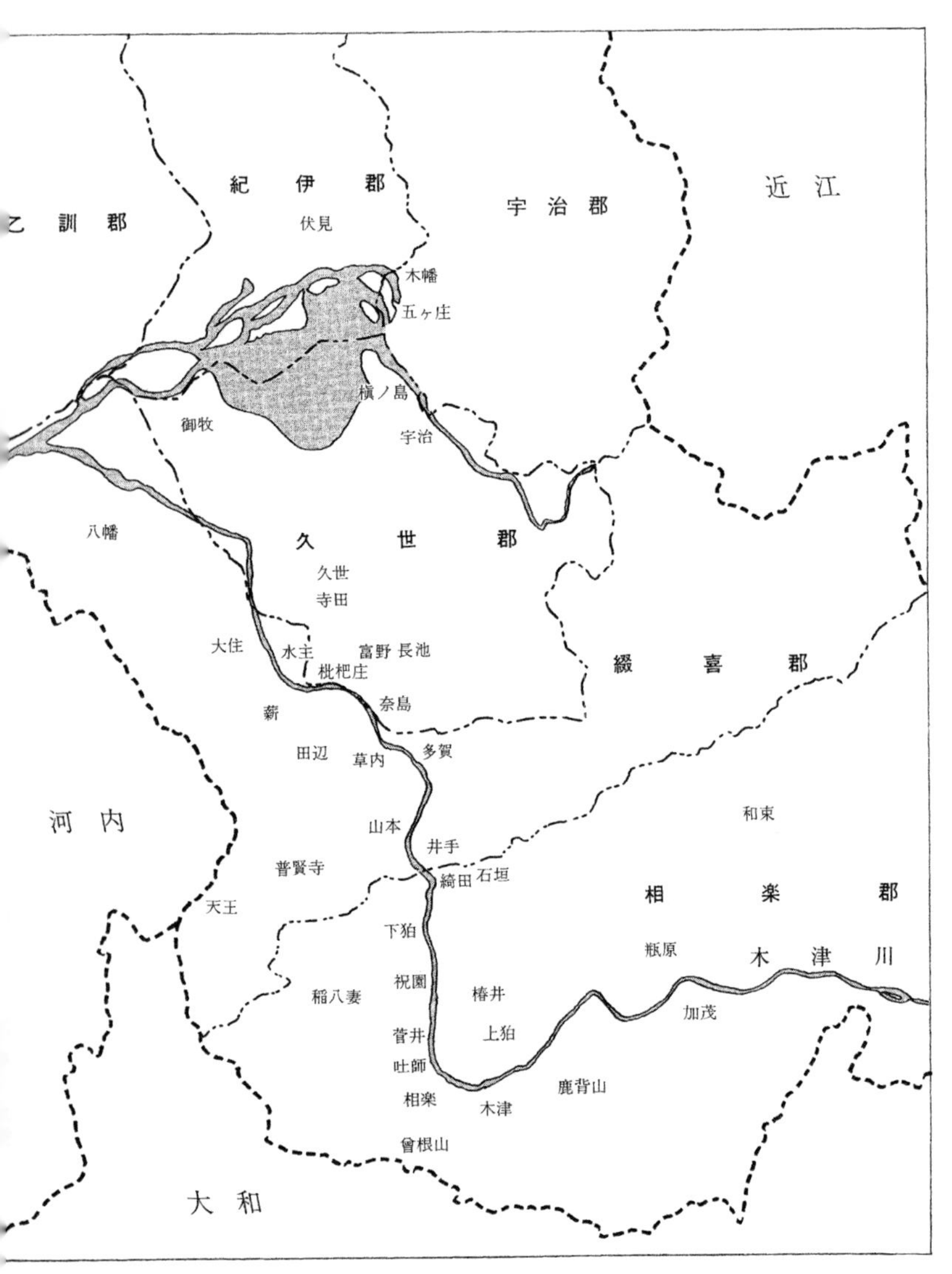
紀　伊　郡
乙　訓　郡
伏見
宇　治　郡
近　江
木幡
五ヶ庄
槇ノ島
御牧
宇治
八幡
久　世　郡
久世
寺田
大住
水主
富野
長池
枇杷庄
綴　喜　郡
奈島
薪
田辺
草内
多賀
河　内
和束
山本
井手
普賢寺
綺田
石垣
相　楽　郡
天王
下狛
瓶原
木　津　川
祝園
椿井
稲八妻
加茂
菅井
上狛
吐師
鹿背山
相楽
木津
曾根山
大　和

図4　南山城地図

木津荘を知行していたのは興福寺の一乗院門跡であったが、水陸交通の統轄者である木津の御問職を補任する権限は大乗院門跡が掌握しており、大乗院の寄人や大乗院の進止下にある土地（御問田・御童子田など）も存在していた（『雑事記』寛正三年二月晦日条）。そのため、木津における商業活動は一乗院や大乗院と結びついた座商人によって担われることが多く、各種の特権を付与された商業座が活動していた。寛正六年（一四六五）には、一乗院の寄人からなる木津材木座が京上以下の振売材木に関する独占権を主張し、筒井の被官である椿井の材木屋が京都に送ろうとした檜皮（ひわだ）を押し取って紛争が生じている（『雑事記』六月十六日条）。

明応五年（一四九六）には、木津塩座と奈良の塩座問屋の間で商売の権限に関する相論が起きた。塩座問屋が大乗院門跡（もんぜき）の座衆であったのに対し、木津座は同門跡の正願院（せいがん）に奉仕する座であったという（『雑事記』十月二十六日条）。同七年には、塩売買をめぐって木津座と両門跡（一乗院・大乗院）の塩座商人との間で争いが生じた（『雑事記』閏十月九日条）。興福寺は木津座と奈良座がともに両門跡の進止下にあるとして、両門跡を通じて紛争の収拾を図っている（『雑事記』十一月八日条）。このように、木津では南都の大寺院と結びついた商工業者を中心に、活発な経済活動が展開していたのである。

図5　木　津　川

木津は奈良街道が木津川にぶつかる地点に位置しており、対岸の上狛との間には船で人や貨物を運ぶ渡しが存在していた。室町時代の木津には上・下の渡しがあり、通行者から渡し賃を徴収したようである。そのうち上の渡しの支配権は興福寺の一乗院が掌握していたが、月前半一五日間の上分は木津の橋寺に寄進されていたとみられる（『雑事記』延徳四年四月四日条）。これに対して、下の渡しの支配権は大乗院が掌握していた（『雑事記』明応元年九月十一日条）。

木津より下流にも、藪（やぶ）・山本・飯岡・草内・富野・水主（みずし）・封戸（ふこ）など木津川沿いの各地に渡しがあり、両岸が船で結びつけられていた。特に、草内の渡しは木津川西岸の草内と東岸の奈島・多賀を結ぶ渡しで、河内から山城に入った街道が宇治田原を経て近江へ至るルートと木津川が交差する要地に位置していた。こうした渡河地点には、物資を貯蔵・管理する施設が作られ、運送に携わる人々が集住し、町場が発達して賑わいをみせていたのである。

奈良街道

南山城は陸上交通においても奈良と京都を結びつける重要な地域である。主な交通路として重要なのは、木津川に沿って奈良から京都へ北上する東西二つの奈良街道である。木津川東岸の山麓を通る奈良街道（東路）は、古代の山背道（古北陸道）のルートで、奈良坂を越えて山城に入った後、木津・多賀・奈島を経て宇治方面に向かう。木津川西岸の山麓を通る奈良街道（西路）は、古代の丹波道（古山陰道）のルートで、奈良から歌姫越えで山城に入った後、相楽から吐師・祝園・下狛・山本・田辺・大住を通って八幡方面に至る。

『雑事記』文明十七年（一四八五）十月十九日条には、「京上道の次第、南より北に至る次第八」として「木津・狛高林・椿井・コマ・平生・綺今城・井手別所寺ノ城・高十六宮・菜嶋・北菜嶋丈六・新野池・夜叉ツカ・クセノ宮・八幡伏外・赤坂・今神明・宇治・木幡・

藤森・イナリ・法性寺（ほっしょうじ）・白川・王城」が書き上げられている。これは奈良街道の東路のルートを示したものとみられ、街道に沿って所々に集落が発達していた様子をうかがうことができる。天皇や将軍の南都下向や春日神木の動座などでも東路が使われており、この道が正式な街道であったようである。

町場の発達

奈良から京都までの道のりはおよそ一日の行程であったが、当時の日記類を読むと往来する人々が木津や奈島・宇治などで昼食をとったり、一献に及んだりする記事がたびたび出てくる。奈島は宿駅として発達した集落で、奈良街道のほぼ中間点にあたるため、ここで昼食をとるケースが多い。公家や僧侶が通る時には送り迎えの分岐点でもあった。当地には酒食を提供する店があったほか、屋号をもつ旅館も存在していたことが知られる（『康富記』宝徳元年二月二十日条）。「魚屋」という宿の経営者は、奈島・木津など南山城の大炊（おおい）寮領の年貢徴収を請け負うなど、旅館業以外の活動にも従事していた（榎原雅治「室町時代の旅館」）。奈島の南にある十六は木津川対岸の草内と船で結ばれており、南北に走る奈良街道と河内から近江に至る街道が交差する要地に位置する。十六にあった丈六堂（じょうろくどう）は旅人の宿泊施設であったという。

宇治は奈良街道が宇治川を渡る地点に開けた町場で、古来大和から北方に通ずる交通の

図6　奈　　島

要地として発展した。平安時代には山水の景勝地として公家の別業が営まれ、左岸の久世郡宇治郷にある平等院は藤原頼通が別業を寺院化したものとして知られる。室町時代には、土一揆が宇治に押し寄せて在家を焼いたり宇治橋を落とすなどの行為に及び、幕府勢は平等院の衆徒とともに防御に努めている。応仁の乱の頃には宇治で六斎市が開かれていたことが知られるが、東軍と西軍の合戦の戦火がこの地にも及び、乱後も両畠山氏の軍勢が付近で戦闘を繰り広げた。山城国一揆が両畠山軍を退去させた翌年、国人たちが集会を開いて国中の掟法を定める舞台となったのも平等院である。

東西二つの奈良街道からはいくつかの陸路が枝分かれしており、南山城は東方の伊賀や近江、西方の河内ともさまざまな結びつきをもっていた。東路の要衝である相楽郡木津からは、加茂・笠置を経て木津川沿いにさかのぼって伊賀に至るルート、瓶原より和束を経て近江信楽に出るルートなどがある。綴喜郡の青谷付近から青谷川をさかのぼり、宇治田原を経て近江の瀬田や信楽に向かうルートもある。西路からは、綴喜郡の山本より普賢寺谷を経て河内に至るルートがある。

関所の乱立

以上のように、南山城では木津川水運や奈良街道などを利用して、人々が活発に往来し、物資が盛んに移動していた。そして、水陸交通の拠点には、問丸や商業座、馬借などの運送業者が活動し、町場が発達して賑わいをみせた。しかし、室町・戦国時代には、新関が立てられたり、土一揆や戦乱が起きたりして、交通を阻害する要因も少なくなかった。当時の関所は、通行料を徴収するのを主な目的として立てられる。関所を設置する主体は、室町幕府や有力寺社、国人領主などさまざまなケースがあり、日野富子が京都七口に関を設けて巨額の財を蓄えていたことはよく知られている。とくに京都周辺や京都—奈良間、淀川流域などは関所の多いことで有名であり、旅人や運送業者にとって交通の障害となっていた。明応七年に大乗院の京上夫が奈良に帰る時には、宇治橋五文・同関六文・狛両関六文・木津渡五文・高座関三文、合計二十五文の費用がかかったという（『雑事記』二月十九日条）。

木津川筋の所々にも川関があり、応仁二年（一四六八）、鳥羽から木津まで大乗院が車を船送りした時には、鳥羽・淀・寺田・多賀で各百文、綺田で五十文の津料・関銭を支払わなければならなかったという（『雑事記』閏十月二十五日条）。大乗院尋尊は、川関を通行するのにこれほどの費用がかかるのは以前にはなかったことであると憤慨している。南山城の陸路にも多くの新関が立てられており、後年、こうした障害を除去するために、山城国一揆は新関の撤廃を申し合わせることになるのである。

土一揆の頻発地帯

南山城は土一揆の頻発地帯でもあり、馬借や農民などが土一揆・徳政一揆を起こすと、これに伴って交通路が塞がれ人馬の往来が妨げられるという事態がしばしば見られた。正長元年（一四二八）、「日本開白以来、土民の蜂起これ初めなり」（『大乗院日記目録』正長元年九月条）と書かれて土一揆の時代の幕開けを告げた正長の土一揆は、近江坂本の馬借の蜂起から始まり、畿内近国一帯に広く波及した。山城の馬借らも奈良に乱入して、徳政を要求している。京・奈良の道は塞がり、人ひとり

図7　橋　寺（泉橋寺）

も通れなくなったという（『春日若宮社頭日記』十一月八日条）。文安四年（一四四七）にも、徳政を求める土一揆が各地で蜂起し、近江や河内などは概ね馬借の思いどおりとなり、山城でも同様であったという。なお、この一揆では大和の有力国人である古市胤仙が馬借らを扇動したとする風説が流れており、古市氏と運送業者との深いつながりをうかがわせる。

長禄元年（一四五七）十月に蜂起した土一揆は、宇治橋を引き落とした上に、宇治に押し寄せて在家を焼いた。十一月には土一揆は街道を塞いで奈良に攻め寄せ、翌月に木津の橋寺を炎上させている。寛正三年にも、木津の馬借の蜂起により路次が不通となり、大和の筒井氏が木津に下向して交通路の回復に尽力した。文正元年（一四六六）にも山城の馬借らは街道を塞いで木津の高座で集会をもち、奈良に向けて攻撃を開始した。翌年三月、押し寄せた木津の馬借らによって般若寺内の坊舎が焼かれたため、興福寺の学侶らは木津の馬借の悪行は筒井の成敗が足りないせいだと立腹したという。興福寺側は馬借のリーダー一一人の頭に各百貫文の懸賞金をかけて高札に打つとともに、木津を攻撃する構えをみせた。これを聞いた木津荘民は、悉く山野に逃散して難を逃れたという。六月にも宇治橋や淀橋が取りはずされるなど、奈良と京都の往来は困難を極めている。

　奈良街道が通れなくなった場合には、木津川沿いの陸路を避けて迂回路の利用がなされた。文正元年、南都に下向していた前関白一条教房は、土一揆が起きたため上洛を足止めされ、木津川沿いを避けて大和国添下郡から高山越えで八幡に出て上洛を遂げている（『雑事記』十一月十四日条）。翌二年正月、成身院光宣は「山城道難儀」により伊賀越えで上洛し、古市胤栄は高山越えで北河内の山田に出てから上洛、東北院俊円と西南院光淳は和束越えで上洛を果たしている（『雑事記』正月五日・二十五日条、『経覚』正月二十一日条）。また、同年四月、春日藤鳥居の造営に使う材木は、通常は淀から木津へ搬送すべきところ、土民らに邪魔されることを恐れて、河内へ回送した上で大和川をさかのぼり亀背(かめのせ)から奈良に運び込まれている（『雑事記』四月二十六日条）。文明五年にも、太閤一条兼良(いちじょうかねよし)は、奈良から木津に出た後、加茂瓶原より和束越えで石山に出て美濃へ向かうコースをとっている（『雑事記』五月二日条）。このように、奈良街道が塞がれ人馬の往来が妨げられると、高山越えや和束越えなど山を越えて大回りすることを余儀なくされたのである。

興福寺と交通路

南都の諸大寺などにとって、交通を阻害する要因を取り除き、京都と奈良を結ぶ奈良街道と木津川水運を円滑に機能させることは極めて重要な課題であった。

交通路の確保に努めるのである。興福寺は筒井氏や古市氏などの大和の国人を動かしながら、南山城の統制し影響力を及ぼしうる立場にあり、南山城に勢力を伸ばしていた筒井・古市両氏は馬借らを統制し影響力を及ぼしうる立場にあり、古市氏は南山城の関支配にも深い関わりを持っていた（黒川直則「地域史としての『山城国一揆』」、田中慶治「国人古市氏の馬借・関支配について」）。

一方で、興福寺が自ら山城国内の交通路をストップさせる場合もあった。応仁二年、興福寺は東軍の軍勢通行や兵粮移送を停止させる措置に踏み切っている（『雑事記』十一月十七日条）。これは東軍の山城国人が寺領を違乱したため、それに対抗する寺訴に伴うもので、この措置が功を奏して幕府から奉書・御教書を入手することに成功している。

この事例から知られるように、南山城における水陸交通路は、戦時には軍勢が大挙して移動する進軍ルートでもあった。そのため街道を抑える要地には城郭が構えられ、国人領主による支配拠点として機能していた。狛城や寺田城などの環濠集落のほか、木津の南東に位置する木津城、その東方の鹿背山（かせやま）城、上狛の東にある高之林（たかのはやし）城、木津川西岸の稲八妻城、普賢寺谷川上流の天王畑城など、中世の山城も各地に分布する。応仁の乱をはじめ度重なる戦乱が打ち続く中で、城郭を築いて交通路に目を光らせておくことは国人たちにとっても切実な課題だったのである。

被官関係の展開と南山城の住民

被官の組織化

山城においては守護の分国支配は不安定であり、当国の守護に任じられた人物が国内の住人を一元的に組織するような動きは認められない。むしろ、細川・畠山・山名氏ら幕政の中枢を担う有力大名や、室町幕府の政所執事を務める伊勢氏などが、それぞれ山城国内の国人・土豪層を被官化する動きが展開している。諸国の守護たちは在京を義務づけられており、幕府の取り扱う業務が拡大する中で、有力大名は京都周辺の住人たちを被官化し、彼らを駆使して職務を勤めていたのである。

紀伊郡伏見荘の政所であった小川禅啓(ぜんけい)は、幕政に大きな発言力をもつ山名時熙(ときひろ)を通じて備中守への任官を実現し、それを機に山名氏との関係を深め、動員に応えて八幡警固の勤めを果たすなど山名氏の家人として奉公に励んでいる（『看聞日記』応永二十四年五月四日条）。同荘の下司であった三木善理の場合は、同じ頃に畠山満家の被官人として活動していた。荘園領主は武家への奉公を禁じる姿勢を打ち出したが、荘官側は武家との主従関係は万一の時の力添えを頼むために必要であることを主張している（『看聞日記』応永二十七年十一月二日条）。

近衛家領の宇治郡五ヶ庄では、文明十五年（一四八三）に岡屋六郎が細川政元の被官であると号して入部しようと図り、地下人に追い出されるという事件が起きている。六郎の兄七郎は先年まで当荘の下司を務めていたが、朝敵である畠山義就の被官であったため下司職を没収されてしまった。そこで、弟の六郎は二、三年前より中央政界の実力者である政元の被官となり、根本由緒を主張して下司職を取り戻そうと強引に入部し、地下人に追い払われたのである。ここからは、荘官クラスの国人・土豪層は自らの権益を確保するために被官主を主体的に選びとっていたことがうかがえる。

京都西郊の乙訓郡と葛野郡西南部からなる西岡一帯は桂川の用水を利用する村々の連合が存在した地域として知られているが、各村に拠点を有する国人・土豪たちの多くは幕府や有力大名の家臣・被官として組織されていた。とくに、文安年間（一四四四〜四九）には「畠山の被官人等済々これあり」(『建内記』文安四年七月二十四日条)と記されるように、畠山氏による西岡住人の被官化が進行していた。しかし、十五世紀半ばに畠山氏が内紛により幕政の中枢から後退すると、西岡の国人たちは細川氏との結びつきを深め、鶏冠井・神足・物集女氏ら細川氏の被官人を中心に「西岡被官中」「中脈被官中」と呼ばれる集団を形成していった。こうした国人たちの地域的な結集が強まり、やがて「惣国」と称する自治的な共同組織を生み出していくようになる。

南山城地域においても、十五世紀後半以降、国人たちの多くを被官人に組織していくのは細川氏であった。応仁の乱の最中の文明二年七月、西軍の攻撃の前に細川氏の被官一六人のうち一二人は降伏を余儀なくされた。それでも、木津・田辺・井手別所・狛の四氏は東軍に踏みとどまって活動を続けている(『雑事記』七月二十三日条)。文明十七年に山城国一揆を起こした三六人衆の多くが細川政元に奉公する者たちであったとされるように、南山城では被官関係を媒介として細川氏の影響力が強まっていくのである。

南山城と大和の諸勢力

一方で、南山城の住人は興福寺・東大寺などの南都寺院をはじめ、大和の諸勢力ともさまざまな人脈で結ばれていた。山城国人の中には木津氏や椿井氏のように自ら興福寺の衆徒であった者もおり(『雑事記』康正三年四月二十八日条)、彼らは興福寺の動員に応じてしばしば大和国内の戦乱に加わった。嘉吉二年(一四四二)十一月、筒井順弘と成身院光宣が河上五ヵ関をめぐって争った時、これに加勢した木津父子・狛下司らの山城衆が戦死している(『大乗院日記目録』十一月十一日条)。文安四年(一四四七)、春日社改造に伴う棟別銭徴収をめぐって興福寺と東大寺が衝突した時には、賀茂北・狛東・相楽下司・同吉岡・下津狛庄村・稲八妻八郎・草路奥・当尾向・簀川若党・柏木若党ら三十人以上の山城衆が東大寺側に与同して戦死を遂げたという(『経覚私要鈔』九月三日条)。文明十五年の古市澄胤の布留郷発向においても、山城の椿井が甲三百の兵を率いて援軍に駆けつけている(『雑事記』十月八日条)。

筒井氏と古市氏

大和国人のリーダーとして代々官符衆徒の棟梁に任じられていた筒井氏は、南山城地域に強い影響力をもっており、寛正六年(一四六五)には筒井氏の被官である椿井の材木屋が木津材木座と相論を起こしたことはすでに述べた(『雑事記』六月十六日条)。応仁の乱が起きると、筒井順永やその兄である光宣は多くの山城衆を東軍に組織して軍事行動を展開した。しかし、まもなく西軍の大内勢が南山城に進攻して東軍を圧倒するようになると、山城衆は筒井氏から離れて西軍の古市氏との関係を強めていくようになる。古市氏は応仁の乱中に積極的に南山城に進出し、文明二年正月には椿井氏の要請をうけて相楽荘に出陣した（『雑事記』正月九日条）。没落の危機に直面していた椿井氏は、保護を求めて古市氏への依存を深めていくのである（『経覚』七月二十三日条）。

田中慶治は、古市氏の交通路支配を重視し、古市胤栄が文明年間には山城の守護代的存在であったと推測している（田中「国人古市氏の馬借・関支配について」）。古市氏は文明十年には筒井氏に代わって官符衆徒の棟梁に就任するなど、社会的地位を上昇させながら南山城一帯に広く勢力を伸ばしていった。木津氏も古市氏の配下に属すようになっており、『雑事記』文明十七年八月十五日条には「木津モ小路モ古市扶持の者なり」と記されている。このように、南山城の国人たちは興福寺や大和の国人などと深く結びついており、南山城地域は大和における諸勢力の動静がストレートに影響を与える関係に置かれていた。狛氏が筒井氏とつながり、椿井氏が古市氏と結んで対抗するというように、大和の国人の影響力が浸透する中で山城国人間の競合関係が深まっていくのである。

もちろん、諸勢力とさまざまな人脈で結ばれていたのは、国人たちばかりではない。荘園・所領が複雑に入り組んで分布していた南山城では、農民たちは諸権門・諸領主の支配をうけるとともに、地域内外の諸勢力ともさまざまな関係を有していた。国人層によって被官百姓として組織された農民もみられた。また、水陸交通の要地などに発達した町場には、興福寺の寄人や春日神人・石清水神人など大寺社に奉仕しながら商業活動に従事する人々も少なくなかった。南山城における住民の活動は外部世界の動きと密接につながっており、地域内部では決して完結しない状況に置かれていたのである。そこに、外部勢力が当地域に広く進出する状況が生まれていく理由があったということができる。

室町幕府―守護体制と山城国守護

室町幕府―守護体制とは

中世後期という時代は、地域の自立化と中央国家による組織化が矛盾を含みながら並行した時代である。南北朝時代、諸国で自立的な動きが強まる中で、これを抑制するために室町幕府は守護の権限を大幅に拡大して地域社会の統制に当たらせようとした。その結果、地域の自立化を基盤に成長した守護権力が、一定の自立性を保持しつつ、中央の武家権門である室町幕府と結びつくことになった。幕府の全国支配（天下成敗権）を守護が支え、守護の分国支配（国成敗権）を幕府が保証するというように、室町幕府と諸国守護は相互に補完しあう関係で結合したのであり、そうした中世後期の武家権力のあり方を「室町幕府―守護体制」と呼んでいる（川岡勉

『室町幕府と守護権力』)。この体制が確立するのは足利義満が南北朝内乱を終結させた十四世紀末頃であり、幕府と守護のどちらが欠けても内乱を克服することはできなかったとみられる。これ以後、幕府と守護の間の力関係に一定の変動はみられるものの、中央権門としての幕府と地域権力としての守護が相互補完的に結びつく形で武家権力の安定が図られていたのである。

中世後期の荘園制も、室町幕府―守護体制に支えられる形で存続していた。天皇家や公家・寺社などの諸権門が自己完結的に荘園支配を維持することは困難になりつつあり、幕府―守護体制に依存し、この体制に下支えされる形で年貢・公事などを確保する仕組みを整えていった。守護方の勢力によって荘園年貢の請け負いがなされる事例も少なくない。室町幕府―守護体制は、武家権門の内部システムを意味するものであると同時に、中世後期の各権門が共通の存立基盤とした支配装置でもあったといえよう。

山城国の守護

このように、中世後期の地域社会において重要な役割を果たすようになるのが諸国の守護であったが、山城ではもともと守護職が設置されていなかったこともあって、守護の影響力は他国に比べて大きなものではなかった。初期の室町幕府においても、山城国内の検断や御家人の統括などは、守護ではなく侍所が担当していた。しかし、南北朝末期の至徳二年（一三八五）に至って、幕府は山名氏清を最初の山城国守護に補任した。山名勢はさっそく南山城に攻め込んで百人余りの国人を討ち取り、堂舎・仏閣・民屋などを数多く焼き払っている。これ以後、山城において継続的に守護が置かれていくことになるが、特定の守護家が代々守護職に任じられるのではなく、山名・畠山・一色・京極・赤松など、諸氏の間で頻繁に守護職の交替がみられた。侍所の頭人に任じられた者が守護を兼務するケースも少なくない。そのため在地社会に対する特定の守護家による勢力浸透が長続きせず、守護支配は不安定性を免れなかった。その代わりに幕府や在京する諸大名が山城支配に関与する場面が散見され、南山城三郡では大和や河内など隣国の勢力も強い影響力を保持していた。数多くの寺社本所領や武家領が錯綜するという状況もあって、山城では特定の大名が一円的な支配を行うのは困難だったのである。

　しかしながら、室町幕府―守護体制が確立する中で、守護の権限が地域社会に浸透する度合いを強めていくのも事実である。応永二十五年（一四一八）十月、幕府は侍所頭人一色義貫(いっしきよしつら)を守護に補任し、八幡神人の嗷訴(ごうそ)に対する鎮圧を命じた。幕府は権門勢家の所領を問わず軍役を厳密に徴発するように求めており、一色氏は山城国中の地下人に折紙を遣して沙汰人・名主層は守護に属して忠節を尽くすよう指令した。これに対し、伏見(ふしみ)荘などは当荘が守護不入の地であり軍役の徴発の先例がないとして抵抗をみせた。交渉の結果、名主については免除を認められたが、沙汰人の徴発には応じざるをえなかったようである（『看聞日記』十月二十九日条）。一色氏の守護代に就任した三方範忠が、三百余騎の兵を率いて淀に下向し、美豆に城郭を構えて居住している（『看聞日記』十一月一日条）。

永享九年（一四三七）、赤松満祐が山城国守護であった時には、国内の諸荘園に侍名字をもつ者の悉皆調査を命じている。ここにも、在地武士の掌握を強めようとする守護の動きをうかがうことができよう。

守護代と守護所

正長元年（一四二八）に守護に就任した管領畠山満家は、宇治より南の上三郡の守護代に遊佐豊後入道、北の下五郡の守護代に神保次郎左衛門尉を任じて分国経営に当たらせた。宇治川を境に山城国内を二分し、南北双方に守護代を置く形がとられたのである。これに伴って、山城においては守護勢力の支配拠点となる守護所が上三郡と下五郡に併置された。山城の守護所の所在地を考察した今谷明の研究によれば、南北両守護代制に伴う複数の守護所が史料上で確認できるのは文明十年（一四七八）のことで、久世郡の槙島と紀伊郡の淀がそれぞれ上三郡・下五郡を統轄する守護所であったとされる（今谷『守護領国支配機構の研究』）。山城国一揆が鎮圧された後、明応六年（一四九七）に上三郡の守護代に任じられた赤沢朝経（宗益）も槙島に拠ったことが確認され、永正五年（一五〇八）に山城国守護となった大内義興の上三郡守護代である弘中武長も槙島城で活動している。上三郡守護代の拠点はほぼ一貫して槙島に置かれていたものと考えられる。

十五世紀半ば以降、室町幕府―守護体制が変質する中で、在地社会に対する守護の影響力はいっそう強まりをみせていった。守護勢力による荘園年貢の請け負いはしばしば押領に転じており、寺社本所領の確保は困難になりつつあった。さらに、応仁の乱の勃発や両畠山氏の抗争激化は、多数の軍兵を国外から引き入れる状況を生み、南山城における地域社会の秩序を大きく動揺させていくことになる。守護勢力による圧力の高まりの中で、地域住民はどのように対応すべきか判断を迫られていたのである。

国一揆が起きるまで

室町幕府―守護体制の変質と南山城地域

室町幕府―守護体制の変質

嘉吉元年（一四四一）に六代将軍足利義教が殺害された嘉吉の乱は、室町幕府―守護体制が変質する画期となった事件である。この乱ののち、将軍家の求心力は大きく低下し、幼い将軍が続いて「上意」（将軍の意思）が実質的に不在という状況が生まれる。その結果、幕府と守護のバランスが崩れ、諸国の守護や地域権力が自立性を一挙に高めるようになった。荘園に対する守護勢力による違乱・押領があちこちで見受けられ、荘園年貢の減少が進行する。幕府政治においては、交互に管領職を務めた畠山氏と細川氏が主導権をめぐって対抗し、以後の中央政局は両氏の関係を軸に展開していくことになる。

興福寺の大乗院門跡尋尊の語るところによれば、将軍義教の代まで維持されてきた興福寺による大和国の成敗権が近年は退転に及び、とくに文安（一四四四～四九）・寛正年間（一四六〇～六六）以来、筒井・古市氏らが各種の用銭・人夫などを課して新儀狼藉を働いたため年貢確保が困難になったという。室町幕府―守護体制と結びつくことで維持されてきた興福寺の支配が、嘉吉の乱を境に不安定となり、興福寺の統制下にあった衆徒・国民の自立化が顕著になったのである。興福寺の影響力の強かった南山城地域についても、同じような動きを想定することができよう。

畠山持国の守護就任

南山城の地域に大きな変化をもたらしたのが、管領として幕政を主導していた畠山持国の守護就任である。すでに述べたように、山城の守護職は近隣諸国に比べて変動が激しかったため、特定の守護家による勢力浸透が持続せず、守護の分国支配は不安定であった。ところが、宝徳元年（一四四九）十二月に管領である持国が守護職を得ると、畠山氏は積極的な分国経営を開始し、寺社本所領に強い圧力を加えてくる。今谷明は、持国が就任直後に「国廻」と称する分国内巡視を実施し、各荘園を巡検して荘園領主の礼参まで要求していることを指摘し、なみなみならぬ在地掌握の意欲を示すものと述べている（今谷『守護領国支配機構の研究』）。

それまで守護使不入地であった菅井荘では、宝徳二年から人夫・伝馬以下の所役が賦課されるようになる（『雑事記』長禄二年五月十六日条）。守護代の隅田佐渡入道は大乗院に菅井荘の管領を申し入れており、守護方が代官と称して押領に及ぶのである（『経覚私要鈔』宝徳二年三月八日条・『雑事記』長禄四年正月十八日条）。

綴喜郡の大住荘も畠山氏の違乱を蒙っていたようで、宝徳三年には畠山氏による大住・菅井両荘などへの違乱に反発した興福寺の八方大衆が蜂起して大訴に及んでいる（『雑事記』明応七年二月二十四日条）。菅井荘の北隣の祝園荘の場合は、持国が守護に就任する以前から畠山氏の被官人が代官として違乱を行っており（『建内記』文安四年正月二十四日条）、持国の守護就任以後は下狛の大西氏によって押領されるようになったという（『雑事記』文明十八年五月九日条）。

守護畠山氏による分国支配の強化は、山城の国人との間に在地支配をめぐって競合関係を生むことにもなった。畠山氏と興福寺の対立が深まっていた菅井荘においては、享徳三年（一四五四）に東北院任円の口入によって国人の椿井懐専に代官職が与えられたが、以後は再び畠山方の者が代官と称して年貢違乱を行っていた（『雑事記』長禄二年閏正月十三日条）。長禄二年（一四五八）、将軍義政が寺社本所領の不知行地を返還する方針を打ち出したのを機に、興福寺側は菅井荘を元どおり直務とするため申状を幕府に提出し、同四年にも畠山氏の守護代である誉田遠江入道（こんだとおとうみにゅうどう）の押領を退けて直務の復活を求めている（『雑事記』長禄二年五月十六日・同四年二月九日条）。

一方、宝徳三年には、普賢寺の殿原（とのばら）七十余人が畠山持国に抵抗して天王畑に立て籠るという事件が起きている（『経覚私要鈔』宝徳三年二月八日・三月二日条）。守護代の遊佐氏は守護に背いた普賢寺侍衆の退治を命じており、持国による強引な守護支配の開始が、山城の住人を圧迫し、彼らの反発を強めていたことがうかがえる。

畠山氏の分裂・抗争と細川氏

宝徳三年、管領の持国は「近日、畠山の権勢無双なり」と表現されるほどに勢威を高めていた（『大乗院日記目録』九月一日条）。畠山氏による分国支配の強化は、室町幕府―守護体制が変質し、持国が幕政の主導権を握る状況を背景としていたと考えられる。ところが、まもなく畠山氏において持国の後継者をめぐる内紛が生じる。享徳三年、持国が実子義就（よしひろ）を強引に惣領に立てたのに対し、これに反発する家臣たちが持国の病を機に義就の排斥を図り、義就の従兄弟である弥三郎を擁立したのである。この紛争の背後には畠山氏の権勢を喜ばない細川勝元（かつもと）がおり、勝元は持国・義就父子を牽制するため弥三郎に肩入れし、長禄三年に弥三郎が死んだ後は弟である政長を支持したとされる。こうして義就と勝元は険悪な関係に陥り、義就の被官人と細川氏被官人の間で衝突が起きることにもなる。

畠山義就と細川勝元の対立は、畿内の国人層にも大きな影響を与えた。康正三年（一四五七）九月、義就の家臣誉田遠江入道の率いる二〇〇名の軍勢が、木津氏討伐の幕命をうけたとして南山城に出兵するという事件が起きた。『経覚私要鈔』九月二十三日条には、この時、木津・田辺別所らを被官化していた勝元が自ら暇を申し入れて下向しようとしたが、将軍義政の許しが得られず誉田の下向になったものかと記されている。富野・寺田に下向した畠山勢は飯岡まで陣を進め、これに呼応する大和の越智家栄は奈良に入って南方から木津に進出しようとした。これに対して、「山城衆十六人」が連署一揆して木津氏に加勢し、細川氏も木津氏を支援する構えをみせたという（『経覚私要鈔』九月二十七日条）。一触即発の情勢の中で、木津氏は木津城から逐電し、木津の対岸に本拠地をもつ狛氏も田辺別所氏のもとに逃げ込んだ。狛氏は田辺に入っていた西岡の細川勢とともに畠山勢と合戦に及ぶのである（『経覚私要鈔』九月二十九日条）。山城に入国した越智勢は祝園に陣を取り、誉田氏の率いる畠山勢と合流して山城衆を攻め立てようとした。ところが、木津氏討伐が幕命によるものではなく、義就が義政の「上意」と偽って軍勢を催したものであった

図8　木津城跡

ことが露見したため、大和の軍勢は山城から撤退して山城衆は事なきを得るのである（『経覚私要鈔』十月四日条）。

この事件の二ヵ月余り前にも、畠山氏は「上意」と号し勝手に軍事行動を起こして将軍義政の立腹を招いていた（『経覚私要鈔』康正三年七月一日・七月六日条）。畠山氏の山城支配の強化は、幕府—守護体制の枠組みを利用しつつ、しかし将軍家の意向をないがしろにして進められていたのである。これに対して、南山城の国人たちは一揆を結んで地域的な結集を図り、畠山氏からの圧力に抵抗した。その動きの中心にいたのが木津氏や田辺氏ら細川勝元の被官人であり、勝元もこれを支援する構えをみせている。

細川氏への被官化

細川氏への被官化は、守護公権を根拠に軍事的支配を強める畠山氏に抗して、山城国衆が自立性を確保するために選び取ろうとした道だと考えられる。畠山氏から圧迫されていた南山城の国人たちは、守護の支配下に組織されるのを嫌い、国人一揆を結びながら細川氏に被官化する動きを示したのである。畠山氏が討伐しようとした木津氏は、嘉吉年間（一四四一～四四）には古市氏や越智氏らとともに筒井順永（じゅんえい）や成身院光宣（じょうしんいんこうせん）と交戦していたことが確認される（『経覚私要鈔』嘉吉四年正月二十三日条）。しかし、古市氏・越智氏が畠山党、筒井氏が細川党となって対立が深まる中で、木津氏は畠山義就―古市・越智方から離れ、細川勝元―筒井方と結びついて畠山氏の守護支配に抵抗する側にまわったものであろう。

山城国衆と細川氏との結びつきは、これ以後も継続して認められる。長禄元年十月、南山城の土一揆が北上の動きをみせた時には、管領細川勝元は山城面々、中でも木津・田辺以下の八頭に命じて警戒に当たらせた。『経覚私要鈔』十月十五日条には、守護である畠山義就が土一揆を鎮圧する動きを見せないのに対して、細川氏の振舞いは当国の守護のようであると記されている。南山城においては、守護職に依拠して国成敗を強める畠山氏と、被官化した国人を通じて当地域に影響を及ぼす細川氏という、原理的に異なる二つの支配方式が対抗しあう関係にあったことがわかる。

長禄四年九月、畠山義就が将軍義政の勘気を蒙って没落し、一〇年余り続いた持国・義就父子による山城支配はここに途絶えることになった。後任の山城守護には細川勝元に庇護された畠山政長が任じられた。河内に下向した義就を打つため出陣した政長は、閏九月には南山城より大和に入国し、筒井氏ら大和の国人が木津まで出かけて政長を奈良に迎え入れている。寺社本所側にとっては、政長の守護就任は義就方に押領されていた南山城の所領を回復するチャンスであった。それまで誉田遠江入道が代官職と称して押領していた菅井荘については、椿井氏など山城の国人が代官職を所望したが、興福寺はそれを退けて大和の成身院光宣を代官に任じて年貢を寺納させようとしている（『雑事記』長禄四年九月二十六日・閏九月十八日・寛正二年二月一日条）。

しかし、畠山政長の守護支配が長続きすることはなかった。寛正五年（一四六四）十二月には、山名是豊（これとよ）が山城の新しい守護に就任している。畠山氏が分裂して以後、幕政の主導権争いの構図は、細川氏と畠山氏の対立から細川氏と山名氏の対立へと移行していた。急速に力をつけてきた山名宗全が細川勝元と確執を深める中で、父宗全から離れて勝元に接近する動きを示していたのが是豊であり、勝元は是豊を登用することで山名氏の分断を図ったものと考えられる。翌六年には是豊の郡代が南山城に入部し、山名氏による守護支配が開始される。しかし、こうした守護職の交替にもかかわらず、木津・田辺・狛氏らは、細川氏との被官関係を維持し続けていた。やがて義就と政長の抗争が導火線となって応仁の乱が起きると、彼らは細川氏との被官関係に基づき東軍に属して戦闘に加わるのである。

応仁の乱の勃発と南山城地域

応仁の乱の勃発は、南山城に新たな事態をもたらすことになった。東軍（東幕府）側の山城守護は山名是豊であったが、是豊の活動の中心は摂津や備後などであり、山城国内での動きは活発とはいえない。応仁二年

東軍の優勢と山城十六人衆

（一四六八）五月、東軍は山城・近江・伊勢の三国の寺社本所領を武家料所にする方針を打ち出し、三国の寺社本所領の半済分がすべて今出川殿（足利義視）の料所に定まったことが関係者に伝えられた（『後法興院記』五月二十日条）。大乱勃発当初に東軍の大将であった義視は、前年に京都から逐電して伊勢へ逃亡していたが、東軍は四月に勅書を送って義視の上洛を促していた。東軍は山城をはじめ三国の寺社本所領の半済（荘園年貢の半分）

を与えることによって、義視を呼び戻そうとしたのである。

これに対して、西軍（西幕府）の山城守護となった畠山義就は、寺社本所領の年貢半分の借用を通告し、これに従わない在所には発向を辞さないとする強い態度を示した（『山科家礼記』応仁二年六月十三日条）。義就が大乱中にかなり徹底した形で半済を実施したことについては、柳千鶴の研究がある（柳「室町幕府の崩壊過程」）。

東西両軍がともに山城国内の寺社本所領への圧力を強める中で、狛野荘加地子方は「東方奉公の山城国十六人衆」によって押領され（『雑事記』応仁二年閏十月十五日条）、菅井荘も下狛の大北・大南氏により違乱されたという（『雑事記』十一月八日条）。応仁二年八月に東軍が山科・醍醐方面と宇治・木幡方面から藤森・深草・竹田周辺に拠る西軍を攻めたてた時、南山城の国人たちも東軍に従って合戦に参加していた（『後法興院記』八月十四日条）。東軍、すなわち細川方として大乱に加わった国人たちは、戦乱状況を背景として南山城の寺社領を押領していくのである。なお、ここに姿を見せる「十六人衆」と呼ばれた国人たちは、康正三年（一四五七）九月に連署一揆して木津氏に加勢した「山城衆十六人」と概ね重なっている可能性が高い。

このような事態に直面して、興福寺は山城国内の交通路をストップさせて東軍の軍勢通行や兵粮移送を停止させる措置に踏み切り、山城国人による寺領違乱の停止を幕府に訴えた。しかし、現地では、狛の大南が在京中であると号して寺領返還に応じようとしないなど、寺領の回復は困難を極めた（『雑事記』十二月一日条）。応仁の乱の勃発は、南山城の国人の多くを従軍させるとともに、当地域の寺社本所領を両軍の軍事行動を支える財政基盤に組み込むという状況を生んでいくのである。

応仁二年、石清水八幡宮領狭山(さやま)郷の美豆(みず)中村では、山城国人が乱入して神人を殺害するという事件が起きた（『石清水八幡宮文書』田中家文書）。幕府はこれを捨てておけず、社家の田中泰清(やすきよ)の知行権を保証する室町幕府奉行人奉書や後花園(ごはなぞの)上皇院宣が出されており、細川勝元も成敗を加える約束をしている。当地の違乱は間もなく収まったようで、十二月十一日に佐山（狭山）郷名主沙汰人中に宛てて出された書状には、「御被管(官)衆」が綺(いろい)を止めて田中氏に当地を返付したことが記されている。翌年六月二十八日付の勝元書状では、田中坊知行分については、どのような競望があろうとも煩いを禁じるとする命令が「上山城被官中」に宛てて出されている。狭山郷の違乱に及んだ山城国人は、南山城に勢力をもつ細川氏の被官人たちであったとみてよかろう。

文明元年（一四六九）十月、西軍の畠山義就の養子政国(まさくに)が淀に下向したのに対抗して、成身院光宣は大和の衆徒・国民および山城国人を率いて宇治槇島に出兵した（『雑事記』十月二十六日条）。山城国人は細川氏と提携関係にある光宣の配下で軍事行動を展開しており、この頃までは南山城地域は東軍が優勢であったものと見受けられる。

大内勢の南山城進攻

文明二年七月になると、西軍が山城・大和に乱入するという風聞が流れて緊張が一気に高まった。東軍はこのままでは寺社滅亡の基であるとして、山城を確保するために大和の衆徒・国民の出陣を興福寺に要請した（『雑事記』七月五日条）。七月十九日に山科勧修寺に侵攻した西軍の大内勢は、当地で防戦に当たった逸見弾正を打ち取り、勧修寺を焼き打ちした。大内勢はつづいて醍醐寺の伽藍に放火したため、当寺は塔を残して焼け落ちたという。その後、大内勢は八幡に下向し、宇治・御牧・槇島などでも東軍を撃破した。敵対していた一六人の細川方の被官のうち、一二人までがこの時降参し、東軍に踏みとどまった木津・田辺・井手別所・狛の四氏も在所を没落せざるをえなかった（『雑事記』七月二十三日条）。田辺郷内では、乱入した軍勢によって寺庵や民屋などが悉く焼き払われた。なお、細川勝元はこの時の戦功を賞した感状を狛山城守に送付している（七月二十八日「細川勝元感状」）。

大内勢の南都進攻を恐れた興福寺は、大内勢を率いていた杉備中守・弘中上総守に巻数や樽などを送り、南都に対しては狼藉を働かないとする返事を両大将から得ることに成功した。これに対し、巻き返しを図る東軍は、伊賀の守護仁木氏や伊勢の関・長野氏らに山城進攻を命じ、筒井氏なども大和から山城への進入をめざした。九月に綺田の光明山に出陣した仁木勢は、木津・狛において西軍と合戦に及んでいる。

文明三年四月二十一日、西軍の大内勢は木津に進攻し、吐師・相楽・上狛などを焼き打ちした。西軍は椿井・高林・延命寺なども焼いて、筒井勢を奈良に退却させている。六月に入ると、大内勢は東軍の国人が椿井上山に築いていた新城に攻め寄せ、この城に立て籠っていた狛下司・普賢寺中・下狛大北・田辺別所の四氏を打ち破った。こうして、南山城では大内勢が東軍を圧倒し、東軍方に属していた国人たちの領地は没収されて大内氏配下の武士に給付された（『譜録』臼杵平左衛門忠房）。これまで細川氏に被官化することで権益を維持してきた国人たちは、大内勢を中核とする西軍の攻勢の前に没落を余儀なくされていった。

文明四年十月、東軍の筒井勢が下狛の大北城などに夜打をかけ、大内氏代官の杉十郎を自害させるなどの戦果を挙げた。しかし、水主城から支援に駆けつけた杉右京亮の軍勢の攻撃をうけて、筒井方も内衆・一族若党の一四人が打ち取られている。なお、この合戦に加わった狛山城守は奮戦の次第を報告して細川勝元の証判をもらっており、狛氏は細川氏の配下で活動を続けていたことが確認できる（十月十七日「狛山城守秀・同政長連署軍忠状」）。文明六年になると京都では講和の気運が高まり、西軍の中心であった山名政豊も幕府側に帰服したため、幕府は政豊を山城の守護に任じ、西岡などの寺社本所領を「一乱中」彼に与えて功に報いた（『雑事記』閏五月十五日条）。しかし、木津周辺を除いて南山城の大部分は、依然として大内勢を中心とする西軍が制圧していたものと思われる。

興福寺は東西両軍に寺領の回復を求める訴えを出したが、畠山義就から乱中は寺社本所領の回復は無理だとする返事が帰ってきた（『雑事記』文明五年六月十五日条）。一方、同じ西軍でも大内政弘（まさひろ）の返事は寺社領の回復に向けて尽力することを約束したものであり、文明六年正月には南山城の寺社本所領はすべて本主に返還するという大内氏の意向が示されたようである。翌七年四月、大乗院門跡尋尊は春日社領の相楽郡菅井荘（古河荘）の返付を求める書状を政弘に送付した（『雑事記』四月二十日条）。しかし、両軍の兵が駐留し戦闘が繰り広げられる状況の中で、南山城にある寺社本所領の年貢を実際に確保するのは容易でなかった。大内勢の進攻により東大寺領玉井荘は不知行となり、東大寺二月堂では後七日の本供米（ほんぐまい）が欠如したとされる（『雑事記』文明十三年六月条）。

図9　染山城跡

文明七年五月、南山城における東軍の拠点であった木津に、下狛の大内勢が大挙して押し寄せた。木津城や木津天神川原で両軍が衝突し、木津氏の救援に駆けつけた筒井舜覚房や佐川氏らが大内勢を撃退するのに成功した。秋篠・宝来・超昇寺などの大和勢も大内勢の拠る相楽の染山城（曽根山城）を攻め落とすなど、各地で東軍が勝利を収めた。大内方では、弘中下野守父子・杉平左衛門・陶遠江守父子三人が討死したのをはじめ、多数の戦死者が出たようである。

文明九年十月には、畠山義就勢と呼応して、下狛に陣を構えていた杉次郎左衛門弘相（ひろすけ）の率いる大内勢が奈良に攻め込む構えをみせた。興福寺はこれを阻止するため、古市氏の代官として下狛大北城にいた井上九郎を通じて大内方に働きかけ、大内勢の奈良進攻を食い止めている。折しも、一〇年に及んだ応仁の乱もようやく収束の時節を迎えようとしていた。西軍の諸大名は次々に京都を去り、大内政弘も十月に幕府に帰順し、翌十一月には周防への帰国の途についた。杉弘相をはじめ山城の大内勢も直ちに撤退を開始し、井上九郎は下狛から大和に引き揚げている。しかし、これと入れ代わるように南山城に影響力を強めてきたのが畠山義就であった。九月二十一日に京都から河内に下った義就は、河内から大和・摂津・和泉などに軍勢を進攻させ、義就の与党である越智氏も奈良に打ち入った。これにより、筒井順尊（じゅんそん）・成身院順宣・宝来氏などの大和国人は十月に自焼・没落を余儀なくされている。木津城も義就勢に攻め立てられ、木津に陣を構えていた仁木氏や木津氏は逃亡したようである。大乱後、義就の河内下向は南山城地域の人々にとって新たな不安材料となっていくのである。

乱後の南山城地域

寺社本所領への負担強化

これまで述べてきたとおり、山城国は室町幕府にとって政治的な重要性が高く、侍所頭人（とうにん）が守護職を兼任したり、管領家などの有力者が守護を務めたりすることが多い。国内各地には幕府の直轄領である御料所が分布し、しばしば半済の対象となるなど、山城は経済的にも幕府を支える重要な国であった。山城の国人の中には真木島（まきしま）氏や宇治大路氏・水主氏など幕府奉公衆であったことが確認される者がおり、幕府の政所執事を務める伊勢氏の被官となっていた者も少なくない。

応仁の乱が起きると、山城は東西両軍の軍事行動を支える財政基盤としてますます重視されるようになる。応仁元年（一四六七）八月に山城西岡の寺社本所領の半済分が東軍の細川勝元に与えられ、翌年五月には山城・近江・伊勢の寺社本所領の半済分が足利義視の御料所に定められた。これに対抗して、西軍の山城国守護であった畠山義就も寺社本所領の半済分の借用を申し入れた。文明六年（一四七四）、山名政豊が守護に就任した際には、応仁の乱の間は寺社本所領を政豊に与えることとされた。

応仁の乱が終結すると、それまで南山城を制圧していた西軍の大内勢が撤退したことにより、当地域の寺社本所領では荘園支配の再建を図る動きが開始された。大乗院領であった菅井荘の下司・公文らは、旧来の如く南都に従う姿勢を示し、大乗院尋尊に対し直務を求める申し入れを行っている。武家においても室町幕府—守護体制を再建する条件が整い、文明十年四月には山名政豊に代えて管領である畠山政長が山城守護に任じられた。守護に就任した政長は「紀伊郡指図ならびに当国才学等、存知大切の御文書の拝見」を官務小槻氏に願い出ており、意欲的に分国経営に取り組もうとする姿勢がうかがえる（『晴富宿禰記』四月二十日条）。政長の守護就任に伴って寺社本所領を保証するという方針が示されたのを耳にした尋尊は、それが事実とすれば結構なことだと歓迎の意を表わしている（『雑事記』四月二十五日条）。八月には、守護代である遊佐氏が宇治槙島に入部し、同じく神保氏が淀に下向して政長の分国支配がスタートした。同月九日、菅井荘の年貢・公事物の確保をめざす尋尊は、政長に近い成身院順宣に宛てて協力を求める書状を遣している（『雑事記』八月九日条）。

ところが、管領政長が守護に復帰してまもなく、幕府は山城国が御料国であるとして国内の寺社本所領の五分一を公用として徴収するという方針を打ち出した。「諸国御料所、大名・守護代以下押領の故なり」とあるように（『雑事記』七月十一日条）、諸国に分布する幕府の御料所は大乱中に大名・守護代らに押領されており、乱後も御料所からの収入を容易に見込めない状況に置かれていた。大乱で荒廃した京都では、室町殿・土御門内裏をはじめ所々の殿舎復興が急務であり、洛中洛外の寺社の再建も求められていた。そこで、幕府は山城国内の寺社本所領の得分を割き取る形で、多額の必要経費を捻出しようと図った。幕府の全国支配が後退していく中で、それまで以上に山城の荘園領主に犠牲を強いる形で財政運営に取り組もうとしたのである。

五分一済の徴収は守護である政長が強く望んでいたものであったらしく、政長から寺社本所領に対して厳しい譴責がなされた（『兼顕卿記別記』文明十年七月二十四日条）。しかし、寺社や公家の負担により幕府収入を確保しようとするやり方には、当然ながら強い反発が生じた。武家伝奏の広橋兼顕は、免除を求める公家たちの歎願をうけて、足利義政や日野富子・伊勢貞宗ら幕府の要人と交渉を重ねた。そして、八月十八日に五分一済の中止を認める回答を勝ち取ることに成功している（『兼顕卿記別記』八月十八日条）。これにより面目をつぶされた畠山政長は、郡代を引き揚げさせており、幕府に対する不信感を募らせていくことになる。なお、『雑事記』八月二十四日条によれば、このとき政長と敵対していた畠山義就が内々に幕府に働きかけていたともされる。室町幕府―守護体制から離脱したまま河内に帰国していた義就は、幕府に敵対する姿勢をつづける一方で、寺社本所側の不満を背景に山城国内に影響力を伸ばしていくのである。幕府による「一事両様の御成敗」を危ぶんだ大乗院尋尊は、幕政が迷走する有り様に「一段の乱の基なり」と憂慮を表明している（『雑事記』八月二十四日条）。

文明十三年正月、政務を執るのに嫌気がさした将軍義政は、妻の日野富子とも不和に陥って政界引退を望むようになっていた（『宣胤卿記』正月十日条）。義政は諸大名・諸守護が「一乱以来上意に応ぜず、寺社本所領を押妨し、御成敗ありといえども承引あたわず、雅意に任す」という有り様に立腹したとされ（『長興宿禰記』三月二十一日条）、十月には洛北の岩倉に移り住んだ。諸大名が寺社本所領を押領したまま返還命令に従わないので、義政は彼らの出仕を停止し対面にも応じようとはしなかった（『長興宿禰記』十月二十日条）。

文明十四年になると、政治意欲を失った義政は京都東山に山荘を造営する事業に着手した。東山山荘の建設は、すでに寛正六年（一四六五）から翌年にかけて計画がなされていたことが知られる（『後法興院記』文正元年六月十五日条）。しかし、応仁の乱の勃発により計画は中止され、それが再び動き出すのは応仁の乱後を待たなければならなかったのである。幕府は山城の寺社領に普請料を賦課し、山荘造営に必要な人夫を山城国内に知行地をもつ領主から徴発させようとした。京都の復興が周辺の人々の大きな負担となっていたのに、さらなる負担を山城地域に押し付けようというのである。『雑事記』九月一日条には「山城国在々所々の領主、迷惑、もっての外」と記されており、国内の領主の間に不満が広がっていたことがうかがえる。

両畠山方の抗争

こうして幕府にとって山城の重要性がいよいよ高まっていくにもかかわらず、山城の国成敗権を担うべき守護政長の勢力は義就方の前に圧倒されつつあった。義就はたびたび南山城に軍勢を出動させており、とくに文明十四年以降は義就方が攻勢を強めていった。この年、管領職についたまま河内に出陣した政長は、遊佐兵庫を大将として山城綴喜郡の草路城に入城させた。狛下司や炭竈氏らがこれを迎え入れたとされる（『雑事記』十二月二十七日条）。ところが、義就方の軍兵が草路城に押し寄

図10　草路城跡

せ、城を攻め落として数十人を切腹に追い込んでしまった。山城はことごとく義就方になり、政長方は「大略、無きが如し」という状況に陥ったとされる（『雑事記』十二月二十九日条）。

翌十五年正月、斎藤彦次郎の率いる義就方の軍勢が宇治に進攻した。政長の守護代遊佐氏は、宇治橋の橋桁を取りはずして防戦に努めた。これにより、京から奈良に向う交通路が遮断され、南山城一帯は義就方がほぼ制圧する情勢となった。京都から下向しようとしていた権僧正尊誉の通行が危ぶまれたため、一条家により色々と画策がなされ、政長方が確保していた宇治・平川までは大将である遊佐兵庫と隅田三郎左衛門が申し合わせて送り届け、長池より南は古市澄胤が尽力して無事に通過させたという（『雑事記』二月十六日条）。

義就方は三月半ばの合戦でも勝利し、四月には狛氏の本拠地である狛城に攻め寄せた。四月十六日の夜に狛城は陥落し、狛下司の子息ら数十人が討ち死にしたとされる（『雑事記』四月十七日条）。これ以後、斎藤彦次郎は上狛を拠点に南山城一帯に睨みをきかせていくことになる。

これに対し、畠山政長は兵粮米を確保するために山城国内に半済を適用しようと図り、近衛家領の宇治郡五ヶ庄にも守護の下知をうけたと号する武士が入部している（『後法興院記』五月二十五日条）。知らせをうけた近衛政家は、朝廷に歎願して働きかけた結果、相国寺領と近衛家領および三条西実隆（さんじょうにしさねたか）の知行地については特別に免除を認める幕府の命令が守護に示された。七月には、五ヶ庄をはじめとする近衛家領の公事免除を認める室町幕府奉行人奉書が政家のもとに届けられている（『後法興院記』七月十八日条）。しかし、実際には、これ以後も守護方の違乱は収まっていない。八月三日には、水主城にいた守護方の軍兵が敵勢乱入と号して五ヶ庄に乱入し、村々に放火するに及んだ（『後法興院記』八月五日条）。

八月十五日、室町幕府は山城国守護代に対し、敵が退散するまで宇治川以南の寺社本所領に半済を適用することを認め、政長方へのテコ入れを図った。二十三日には、足利義政の働きかけによって義就を朝敵として治罰することを命じる綸旨が出されたようである(『後法興院記』八月二十五日条)。こうした動きに意を強くした政長方は、山城国内の荘園にいっそうの圧力を加えていった。五ヶ庄は守護による半済免除が認められた近衛家領の荘園であり、しかも所在地は宇治川よりも北にあった。それにもかかわらず、以後も幕府の奉書を無視して守護方の違乱が続いている。半済免除が認められた三条西実隆の家領である美豆御牧の場合も、守護は幕府の奉書に従わず違乱に及んでいたとされる(『実隆公記』七月二十二日条)。総じて、政長方は寺社本所領を脅かす動きを強めており、荘園領主や地下人に忌避されるようになっていくのである。

幕府や守護政長方に対する不満が広がる一方で、荘園領主の中には義就方に接近しようとする動きが生まれている。九月十七日の北河内の合戦で政長勢を破った義就方は、南山城や大和でも攻勢を強め、南山城における政長方の拠点であった水主城を十八日に落城させた。こののち、上狛にいた斎藤彦次郎が入れ替わりに入城し、四、五〇〇石の兵粮米を納め置いた。斎藤勢は水主城東方の富野や寺田まで発向して治安の回復に努めたとされる。富野・寺田は元興寺の寺領であり(『雑事記』文明五年九月十三日条)、南都の寺社勢力にとって義就方による政長勢の撃退は守護方の違乱を排除する上で望ましいものであった。狛氏の逐電以来荒廃していた狛野荘については、斎藤彦次郎が下百姓を還住させようと図っているが、これは興福寺から色々と働きかけがあったことによるという（『雑事記』十月六日条）。十月二十五日、大乗院尋尊は菅井荘を確保するため河内にいる義就方の三奉行（花田・豊岡・小柳）に礼物を贈り、寺領回復への協力を求めた（『雑事記』十月二十五日条）。義就の側もこれに応えて寺社領への侵害を抑制する方針を打ち出し、とくに南都（春日社・興福寺領）と八幡領の荘園については違乱を禁止する措置をとることを約束している。三奉行はそれぞれ又代官を南山城に入部させて、寺社領の所務回復に協力する姿勢を示すのである（『多聞院日記』文明十六年五月六日条）。

河内では畠山義就と同政長がそれぞれ誉田と正覚寺に本拠を構え対陣を続けていたが、興福寺はもっぱら義就の側に使者を派遣して山城国内の寺社領の保護を求めている。義就は朝廷・幕府への敵対者であったとはいえ、宇治川以南の三郡には幕府支配が及ばない状況の中で、義就に協力を求めるのは寺社領の回復をめざす南都勢力にとって現実的な対応策であったろう。とはいえ、山城や大和の寺社領では、義就の命令だと号して義就の被官人が押妨を行い、無法な課役を懸ける動きもエスカレートしている（『多聞院日記』文明十六年十一月二十日条）。現地の実情をみると、義就に与同すれば荘園支配が簡単に再建できるというものではなかったのである。

山城御料国化政策の展開

政長の分国経営が十分に機能していないのをみて、幕府内部では政長に代えて山城の成敗を別人に任せようとする方策が検討されるようになる。文明十三年七月には、侍所頭人の赤松政則（あかまつまさのり）を山城の守護に補任し、所司代の浦上則宗（うらがみのりむね）に守護代職を与えようとする動きが見られた。『親元（ちかもと）日記』七月十日条に「山城国守護職の事、御料所御代官として」政則に仰せ付けられたと書かれている。しかし、八月十日条では「山城国御料国御代官の事」について政則が辞退を申し出たとする記事が認められる。

山城国は「御料所」・「御料国」として幕府財政を直接的に支えることが期待されており、守護にはその代官として活動することが求められていた。折しも、河内の畠山義就の軍勢が大和・南山城に攻撃を仕掛け、木津氏や狛氏らは没落を余儀なくされる状況であった。幕府は義就勢に対抗する軍事力を赤松氏に期待したのであろう。しかし、この時播磨に在国していた政則は、辞退を申し出て幕府の命令に応じようとはしなかった。それでも幕府はあくまで政則を守護に任じようとして、重ねて上洛を求めたのに対し、政則は「御料国として」拝領するのは面目至極なこととしつつも、成敗を図るのが困難であることを理由に上洛拒否の姿勢を貫くのである（『親元日記』十月八日条）。結局、赤松氏に固辞されたため、政長の守護更迭は見送られている。

文明十五年にも、若狭の守護武田国信（たけだくにのぶ）や侍所所司代の浦上則宗を山城の守護に充てようとする動きが認められる（『雑事記』正月二十四日条）。いずれも幕府の政所執事を務める伊勢貞宗の画策によるものであったとされる。しかし、両人にも固辞されており、政長に代わって山城の守護職を引き受けようとする者をみつけることはできなかった。

翌十六年になると、畠山義就を赦免するという噂が流れ、これも伊勢貞宗の画策によるものかとささやかれている（『雑事記』二月四日条）。田中淳子は、貞宗が守護支配の実を挙げられない政長に見切りをつけ、実質的に南山城を制圧している義就を赦免する代わりに寺社本所領を返還させようとしたものと解釈している（田中「山城国における『室町幕府―守護体制』の変容」）。この年九月、幕府は伊勢貞宗を「国奉行」に任じ、山城国を御料国として知行させるという決定を下した（『雑事記』九月十七日条）。幕府財政を担当する伊勢氏に、山城支配を直接委ねようとしたのである。「寺社本所領共の事、無為ニこれを仰せ付けらるべしと云々」とあり、寺社本所領の安定に努めるように指示がなされている。

田中淳子は、室町幕府の御料国とは守護支配が不安定な国を対象とする守護職の料所化であり、守護得分から御料国年貢を幕府に進納させるというものであったとする（田中前掲論文）。応永六年（一三九九）に山城の守護である結城満藤が没落し、山城国が「料所」として京極高詮に預け置かれたのがその早い事例であるが、政長を解任して伊勢氏に御料国を管理させようとした今回のケースも同様であった。山田康弘は、伊勢氏が取得する収益（国内の御料所からの収益と寺社本所領の請地からの収益）のうち、伊勢氏の得分と必要経費を除いた分を幕府に納入させる政策であったと解釈している（山田『戦国期室町幕府と将軍』）。

山城御料国化政策の結果、幕府の直轄領を列挙した「諸国御料所方御支証目録」に山城国守護職が書き上げられるようになる（桑山浩然『室町幕府の政治と経済』は、この史料を蜷川氏あるいは主家である伊勢氏に関係ある料所の文書目録と推定し、成立年代の上限を文明十八年としている）。しかし、両畠山勢が長期間にわたって睨みあう情勢の中では、伊勢氏の山城支配は容易に実現するものではなかった。文明十七年になると、山城の国成敗権を細川政元に委ねることも検討されたようであるが、まもなく山城国一揆が成立し、国人たちによる国持体制へと急展開していくのである。

国一揆はどのように成立したか

両畠山方の対陣

『大乗院日記目録』には、文明十七年（一四八五）の状況として、「京都と云い、諸国と云い、正体なきの間、山・南都等の訴訟等、毎事これを略す、然らば則ち寺社領・本末寺悉くもって正体なし」と書かれている。応仁の乱後の混迷がいよいよ極まり、室町幕府―守護体制を軸に成り立ってきた社会秩序が行き詰まりを深めていたのである。

斎藤彦次郎の寝返り

南山城では、この年の七月、畠山義就の代官であり山城国大将として配置されていた斎藤彦次郎の軍勢が宇治田原に攻め寄せ、在所をことごとく放火して回った。義就方に追われた政長方の山城国人衆が宇治田原に潜伏していたためだとされる（『雑事記』七月三日条）。ところが、まもなく彦次郎が八幡で出家したとする風聞が流布し（『雑事記』七月十八日条）、つづいて彼が義就方から離反して政長方に転じたことが明らかになった。義就や義就方の三奉行が山城の寺社領を保全する方針を打ち出していたのに対し、現地の彦次郎は従おうとしておらず（『多聞院日記』文明十六年三月二十九日条）、こうした考え方の違いが義就方からの離反を生んだとみられる。

彦次郎の突然の寝返りは周囲を驚かせるもので、義就方にとっては大きな打撃であったが、斎藤勢に苦しめられてきた幕府や政長方にとっては劣勢挽回のチャンスとなる朗報であった。幕府は転向した彦次郎に対し、義就方に押領されてきた宇治川以南の寺社本所領を給付するという措置で報いている（『後法興院記』文明十七年十月十四日条）。これ以後、彦次郎は淀周辺に拠点をすえ、義就方の軍勢に向かって掃討戦を始めていくことになる。

徳政を求める土一揆

文明十七年の八月から九月にかけて、徳政令の発布を求める土一揆が畿内一帯で猛威を振るった。大和の百姓たちは、例年にない日照りによる耐え難い窮状を訴え、このまま徳政が実施されなければ来年の耕作にまで影響が及ぶとする申状（もうしじょう）を提出している（『法隆寺文書』七月三十日大和国惣国百姓等申状）。京都で徳政が行われたことを伝え聞いた山城の馬借たちは、大和や河内の馬借たちとも連携しながら南都に押し寄せた（『雑事記』八月二十一日条）。彼らは連日のように奈良に進攻し、所々を放火するなどして徳政を所望したが、南都側では古市勢が中心になって防衛に努めている。

九月十七日、義就の重臣である誉田正康が山城に入国した。これは土一揆対策とは別件であり、河内に集結していた政長方の大和牢人衆が出張する動きがあり、秋篠氏が密かにこれに同調しているという風聞が流れたことによる。翌日、誉田氏の率いる河内勢と古市氏を大将とする大和勢に攻められて秋篠氏は没落している。土一揆蜂起の陰に隠れて、政長方の活動が活発化しつつあったのである。

諸国軍勢の南山城侵攻

十月十四日、筒井氏や十市氏など、政長方として長らく牢人生活を余儀なくされてきた者たちが山城に進攻した。彼らは光明山の辺りに出張し、これに呼応して斎藤彦次郎の軍勢も宇治より発向した。それまで、義就方は、椿井氏の拠る椿井城、稲八妻氏の拠る稲八妻城、河内国人の拠る天王畑城をはじめ、南山城に一〇ヵ所ばかりの城を押さえていたが、伊賀国人の拠っていた富野城と寺田城が攻め落とされ、城衆は水主城に入って斎藤勢の攻撃からの防戦に努めた。大和の古市勢も狛城の西に野陣を張り、誉田氏率いる河内勢は稲八妻周辺に出張して政長方と交戦した。

政長方の斎藤・筒井・十市らの軍勢が一五〇〇ばかりなのに対し、義就方は河内誉田勢七〇〇・古市勢三〇〇と劣勢であったため、大和の国人に加勢を要請して越智・高田・箸尾などの軍勢が義就方に加わっている（『雑事記』十月二十日・十一月十三日条）。南山城地域は、山城衆をはじめ河内・大和・伊賀など諸国の軍兵であふれ、たちまち一大決戦場と化した。

大和の国人たちは、筒井・十市氏をはじめとする政長方と、古市氏に率いられた義就方に分かれていたが、番条・木津・超昇寺・豊田・窪城・佐川のように両方に兵を送った者もいた（『雑事記』十月十四日条）。箸尾一族の中には、古市方から筒井方に寝返る者もいた（『雑事記』十一月四日条）。十月十八日、古市勢や誉田勢は多賀から奈島へと陣を移し、古市澄胤は奈島の丈六堂、誉田正康は北奈島、平氏が新野池の東の山ぎわに布陣したという（『雑事記』十月十九日条）。こうして、奈島・水主に拠る義就方と、富野・寺田・琵琶庄まで進出した政長方が木津川の東岸で睨み合う情勢になった。一方、木津川の西岸方面は、大住・薪・天王畑・下狛・稲屋妻・菅井・相楽・木津など、義就方がほぼ制圧していた（『大乗院日記目録』十一月十六日条）。

大乗院尋尊は、古市氏が神事を勤めるため大和に帰国しようとして誉田・平の両人に押

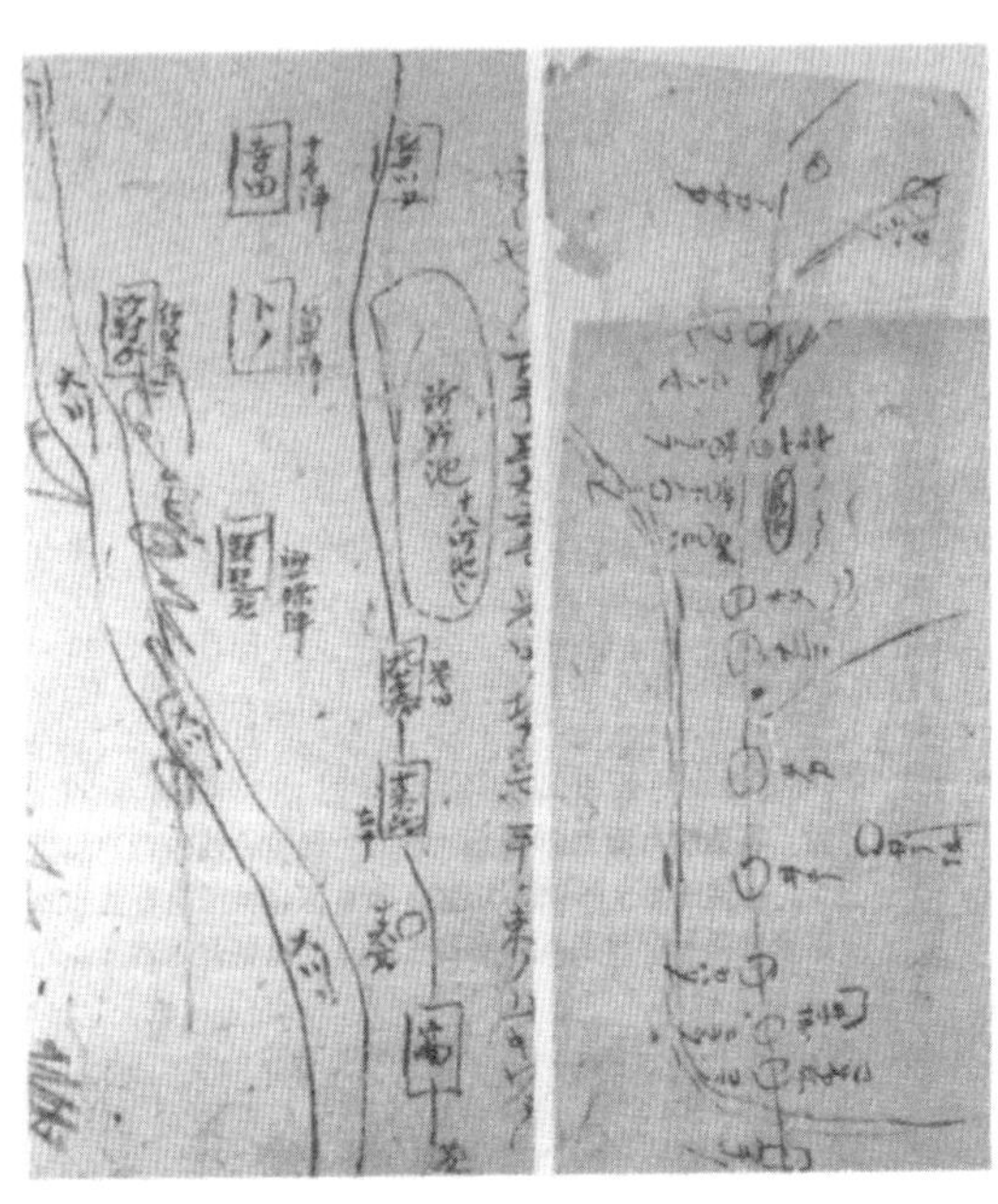

図11　両畠山軍布陣図（『大乗院寺社雑事記』文明17年10月19日条）

し止められたという話を伝え聞き、「とにもかくにも、当国の面々、神罰を蒙る姿なり」と憤慨している（『雑事記』十一月二十三日条）。古市氏は毎日六石から八石の兵粮米を兵士たちに支給していたとされる（『雑事記』十一月二十三日条）。そのため、在陣が長期化すると、兵粮米の負担が在所に重くのしかかるようになった。奈良の地下人の中には、出陣に伴う人夫の供出などに耐えきれず逐電する者も生まれるのである（『雑事記』十一月一日条）。

両畠山軍の撤退

山城国一揆の勃発

文明十七年（一四八五）の末、久世郡南部が両畠山軍の戦闘の最前線に位置づけられ、宇治以北および寺田・富野・琵琶庄を押さえる政長方と、水主・長池・奈島周辺を確保した義就方が睨み合いを続けていた。折しも春日山が鳴動したとする不思議な噂を耳にした尋尊は、「如何なる事、出来（しゅったい）すべきかな」と不安を漏らしている（『雑事記』十一月十三日条）。両軍が木津川東岸と奈良街道沿いの要地に陣を構えて対峙し、人々は固唾（かたず）を呑んで南山城の戦況を見守っていた。まさにその時、山城国一揆が起きるのである。

山城国一揆が当時の史料にどのように記録されているかを、興福寺大乗院門跡尋尊の記した『大乗院寺社雑事記』、興福寺別当（寺務）政覚による『政覚大僧正記』、公家の三条西実隆が書いた『実隆公記』などから、みていくことにしよう。

『雑事記』文明十七年十二月八日条には、「昨日、河内国上内城これを責む、大合戦これ在るの由、其の沙汰に及ぶ、山城両陣ハ自他迷惑せしむと云々、今の如くんば各退散すべきかと云々」とある。前日に河内で大きな合戦が起きたとする知らせが届いたため、両畠山方の陣営に動揺が広がり、長らく対陣してきた南山城から撤退しようとする気運がみられたというのである。翌九日条によれば、山城国人の椿井氏が尋尊に「山城国両陣の様、無為と成るべきか」という観測を伝え、これに伴って狛野荘加地子方の代官職への補任を所望してきたという。地元の国人の中に、両軍の対陣が終わることを見越し、それに乗じて権益を拡大しようとする動きが認められるのである。これに対し、尋尊はもう少し山城の様子をみてから判断すると返答している。

『実隆公記』十二月十日条においては、「御牧より注進状到来す、畠山両家勢、国一揆のため、これを相退くべし、よって寺社本所領、先々のごとくたるべしと云々、自愛々々」と書かれている。実隆は、領地である御牧から両畠山勢が国一揆のために撤退させられるという情報を受信し、それが寺社本所領の回復につながるという見通しを聞いて喜びを表わしているのである。「国一揆」という言葉を用いているのが目を引くとともに、国一揆が両畠山勢に撤退要求を突き付けたことを明示した最初の史料として注目される。

『雑事記』十二月十一日条には、「今日、山城国人集会す〔上六十歳、下十五・六歳と云々〕、同じく一国中の土民ら群集す、今度両陣の時宜申し定めんがための故と云々、然るべきか、但し、また下極上（下剋上）の至りなり、両陣の返事・問答の様は如何、未だ聞かず」とある。山城国一揆の勃発を示す最も有名な史料であり、この日に十五・六歳から六十歳までの山城国人たちの集会が開かれたこと、一国中の土民らも群集していたことが書き留められている。この記事にみえる国人の集会と土民の群集がどのように関係しているかは、国一揆の性格を考える上で大きな問題となるところである。

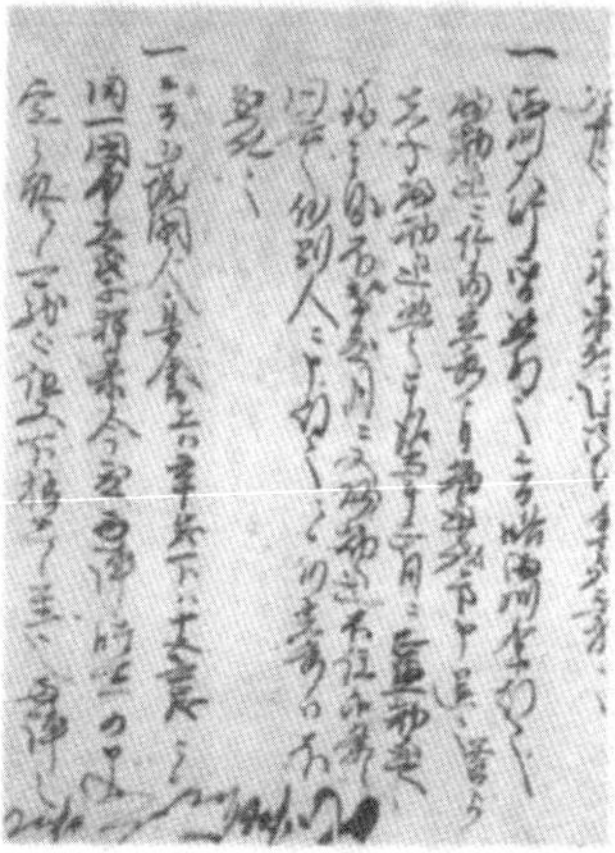

図12 『大乗院寺社雑事記』（12月11日条）

「両陣の時宜申し定めんがための故」とは、集会の目的が両畠山勢への退陣要求に関するものであったことを示している。それを聞いた尋尊が、「然るべきか、但し、また下極上の至りなり」と記しているのは、彼の置かれていた立場がうかがえて興味深い。歓迎する思いを抱きつつも、手放しで喜ぶことができないという気持ちが「下極上の至り」という言葉に表われていよう。旧来の秩序・体制を擁護する側にいた彼の立場からすれば、国一揆の動きに危惧の念を抱かざるをえなかった。末尾の部分からは、尋尊がこの時点では両畠山方の返事や問答の様子をつかみかねていたことがわかる。

『雑事記』十二月十三日条に「国人群集、色々北方ニ問答の最中なり」、十二月十六日条には「国衆より両陣ニ問答厳蜜（げんみつ）、迷惑せしむと云々」とあり、国一揆側と両畠山軍の交渉が続けられており、国一揆側の厳しい要求を前にして両軍が困惑している様子がうかがえる。

両畠山軍の退却

十二月十七日、政長方の斎藤彦次郎や義就方の誉田勢など、両畠山方の軍勢がついに南山城から引き揚げるに至った。大和国衆たちも、六三日間在陣していた古市氏をはじめ、越智・筒井・十市らが山城から出国している。『雑事記』十二月十七日条には、「両陣の武家衆、各引退しおわんぬ、山城一国中の国人ら申し合わすの故なり、今より以後においては両畠山方は国中に入るべからず、本所領ともおのおの本（もと）の如くたるべし、新関等一切これを立つべからずと云々、珍重の事なり」と書かれており、山城一国の国人たちの要求に押されて両軍の撤退が実現したことがわかる。そして、この記事からは、国人たちが申し合わせた内容が、①両畠山方の山城入国禁止、②寺社本所領の回復、③新関の撤廃の三項目に集約されるものであったこともうかがえる。

『政覚大僧正記』十二月十八日条には、「昨日、古市・越智三郎以下当国衆ことごとく以て城州より帰陣なり、山城国衆三十八人一揆せしめ、牢人方・越智方、ことごとく以て帰陣すと云々、合戦に及ばず、数日を経るといえども引くの条、希代の事なり、同じく武家衆も引くと云々、城州の事、両方とも是れ以後、入れ立つべからざるの由、国の面々一同すと云々、然らば寺社本所領の事、本式の如く、本所ノ使を用うべき由、風聞なり、事実たらば、然るべき事なり」とある。ここでは、国一揆を「山城国衆三十八人」の一揆と表現し、畠山勢や大和勢がことごとく撤退したことを驚きの目をもって捉えている。そして、①と②の内容が風聞として伝わってきたことも読み取れる。

文明十七年十二月二十六日の日付が記された『狛野庄加地子方納帳』においては、両軍の退却がなされたことをふまえ、「此の上は諸本所領、毎事本に帰すべきの由、一国中面々、掟法これを置くと云々、神慮の至り、喜悦すべきものなり」と書かれている。寺社本所領の回復を取り決めた国人たちの掟法は、興福寺にとって大いに歓迎すべきものであったことが読み取れよう。

国掟法の内容

国人たちが申し合わせた内容は、①両畠山方の入国禁止、②寺社本所領の回復、③新関の撤廃の三項目であったことを、『雑事記』十二月十七日条の記事から指摘した。この三つの要求事項について、もう少し詳しく検討していくことにしよう。

両畠山方の山城入国禁止

①に対応する記事を各史料から抜き出してみると、「今より以後においては両畠山方は国中に入るべからず」（『雑事記』十二月十七日条）、「城州の事、両方とも是れ以後、入れ立つべからざるの由」（『政覚大僧正記』十二月十八日条）、「当国においては、両方綺（いろい）をなすべからざるの由」（『神木御動座度々大乱類聚』文明十七年条）などが挙げられる。いずれ

も、以後は両畠山軍の山城入国を許さないことを申し合わせたものである。『後法興院記』十二月二十日条には「是れ山城国衆一味同心せしめ、両陣え訴訟致すの間、かくの如しと云々」とあり、何よりも山城国衆の一味同心による訴訟こそが両軍を退陣させた最大の要因であったことがわかる。しかも「承引致さざる方においては、国衆として相責むべきの由、治定の間、力及ばず引退と云々」と記されており、撤退要求に応じない場合には国一揆として攻撃をしかけると脅迫したため、両軍は撤退せざるをえなかったのである。

なぜ、山城国衆は両畠山方に退却を求めたのであろうか。前述の『狛野庄加地子方納帳』によれば、「在々所々、堂舎仏閣と云い、民屋と云い、ことごとくもって或いは放火、或いは発向の間、残る所いくばくならず、これにより一国中の面々、同心・合力し、今より以後これあるべき事停止（ちょうじ）すべき上は、両陣引退せらるべきの由、申し送る」と書かれている。ここからは、寺社や民家への放火や軍事行動による地域社会の荒廃の進行が、南山城の国衆が同心・合力して撤退要求を突き付けた理由であったことが読み取れよう。

同じ『狛野庄加地子方納帳』の後段には、「今度無為の計略ハ、国中三十六人衆これを申し合わせ、かくの如く成し下しおわんぬ、大略細川九郎殿に奉公の体と云々、右衛門佐方去状（さりじょう）、今より以後手を入るべからざるの由の書状ハ、越智若党岸田の申し沙汰なり」

という興味深い記事もみえている。両畠山方を追い出すことを申し合わせた国人が「国中三十六人衆」と呼ばれており、しかも彼らの多くが細川九郎（政元）に奉公する者たちであったというのである。そして、義就方は国一揆の撤退要求に応じるにあたって、国一揆に対し今後入国しない旨を誓約した去状を出しており、この去状が作成される上で越智氏の若党である岸田氏が重要な役割を担ったこともわかる。細川政元と国一揆とのつながりをどうみるかという問題や、越智氏の若党岸田氏の役割については、後であらためて触れることにしたい。

寺社本所領の回復

②については、「本所領ともおのおの本の如くたるべし」（『雑事記』十二月十七日条）、「寺社本所領の事、本式の如く、本所ノ使を用うべき由、風聞なり」（『政覚大僧正記』十二月十八日条）、「諸本所領、毎事本に帰すべきの由、一国中面々、掟法これを置く」（『狛野庄加地子方納帳』）の記事がこれに対応する。山城では大乱以来の義就方と政長方による争奪戦が展開する中で、寺社本所領への違乱がなされ、年貢以下の収納が途絶える事態が続いてきた。これに対し、国一揆は両軍を退却させた後は寺社本所領を元通りの状態に戻す内容の掟法を定めたものとみられる。その結果、荘園支配の回復をめざす動きがさっそく始まることになる。

春日社兼興福寺領であり仏地院が奉行を務める狛野荘加地子方では、年貢・諸公事の収納を担当するのにふさわしい者を春日神人の中から召し出すように命令が下った。こうして選ばれた中務丞安盛が十二月二十六日に上使として現地に派遣され、同日、興福寺は狛野十二番頭と狛野沙汰人に奉書を送って直務支配に協力するように命じている。沙汰人らは、「近来御代官入部歎き存ずる処、かくの如き御成敗、畏（かしこ）み入る、更にもって緩怠あるべからざるの由」を言上したという。寺社本所による直務支配の復活は、興福寺にとってだけではなく、沙汰人をはじめとする百姓層の願いにも応えるものであったことが読み取れる。

『狛野庄加地子方納帳』には、「国の掟法、諸本所領御直務たるべし、ことさら大和以下の他国の輩、代官としてこれを入れ立つべからずと云々、成物（なりもの）においては、荘民ら無沙汰致すべからずと云々」という文言も認められる。ここからは、国人たちが定めた掟法の中には、寺社本所領の直務支配の回復のみならず、大和などの他国衆を代官として任用することの否定や、荘民の年貢以下の無沙汰の禁止などの項目が含まれていた可能性もある。①でみた両畠山方の入国禁止という事項は、寺社本所領の直務支配の回復、他国衆による寺社本所領への関与の否定と連動していたといえるのであり、さらには荘民の荘園領主への帰服をも論理的に組み込んでいたとみることができよう。ここからは、他国衆を排除することで寺社本所と山城国人の権益を確保しようとする方向が看取されるのである。

新関の撤廃

③について明記しているのは、『雑事記』十二月十七日条の「新関等一切これを立つべからずと云々」という記事である。南山城は京都と奈良を結ぶ街道を中心に人馬の往来が活発で、物資を輸送する馬借の集団も各地で活動していた。また、京都南郊の鳥羽・伏見・宇治・淀などの港湾は木津川の水運を介して南山城の木津までつながっており、川船の往来も盛んであった。

関銭徴収を目的に立てられる関所は、当地域の交通や商業の大きな障害となる。京都から奈良への通路には宇治橋・宇治関・狛両関・木津渡・高座関などに本関があったとみられるが、応仁の乱以降は畿内各地に新関が立てられており、往来する人々は通行に難儀していた。経覚（きょうがく）のもとには六〇〇以上の新関乱立が報告されているし（『経覚私要鈔』康正三年七月十四日条）、八幡神人は数百ヵ所に及ぶ新関を設置していたとされる（『雑事記』文明十五年九月十二日条）。文明十年（一四七八）十二月に蜂起した山城の土一揆が通路を塞いで新関撤廃を訴えているように、新関の撤廃は、南山城に居住する百姓・馬借など土民の要求でもあった。

『雑事記』文明十六年三月十六日条には、「山城辺、近来新関共これ在り、古市ならびに堤方ニこれを仰せ付けおわんぬ、仍て無為」と書かれており、尋尊と政覚が上洛するにあたって古市らに新関の撤廃を命じたことが読み取れる。『雑事記』文明十七年七月十一日条には、「伊賀衆関」という表現も見いだせる。南河内に進攻していた大和や伊賀の国人たちが新関を設置していたことがうかがえよう。他国の軍兵が多数駐屯し、両畠山方に分かれて長期間睨み合うという情勢の中で、彼らを養う兵粮を確保するために、南山城の道や川には多数の新関が立てられて関銭が徴収されていたものと考えられる。

このような状況で打ち出された国一揆による新関撤廃の取り決めは、新関に反対する地域住民の要求をふまえたものであろうし、また通行に難儀していた人々にとっても歓迎すべき動きであったろう。両畠山方への退陣要求は、新関撤廃を求める広範な声を反映していたと思われる。

なお、国一揆が起きる約一年前の史料に、「山城諸関共、ことごとくもってこれを上ぐ、細川九郎方より川(河)内に申すゆえなりと云々、珍重の事なり」(『雑事記』文明十六年十一月十四日条)とあるのが注意される。細川九郎(政元)が河内に申し送って山城の諸関を撤去させたという話を聞いて、大乗院尋尊が歓迎の意を表わしているのである。このとき畠山義就と政長が河内国内に本拠を構えて対陣していたから、関所撤廃の要請先である河内とは両畠山氏のどちらかであったと考えられるが、当時の山城では宇治川以南を義就方がほぼ制圧していたこと、尋尊も義就方に宇治川以南の寺領回復を働きかけていたことなどからみて、細川政元が申し入れたのは南山城に強い影響力をもつ義就であったとみてよいだろう。そうだとすれば、睨み合いを続ける義就・政長と政元の微妙な関係や、国一揆前後の政元の果たしていた役割がうかがえるようで興味深い。国一揆による新関撤廃の取り決めは、一年前の政元の関所撤廃要請と相通じるものであり、両畠山氏ら諸国の軍勢が進駐して交通の障害となっていた状況を打開しようとするものであったと考えられる。

寺社本所側の反応

平等院における集会

国一揆が起きてから二ヵ月後の文明十八年（一四八六）二月十三日、再び山城国人の集会が開かれた。『雑事記』同日条には、「今日、山城国人、平等院において会合す、国中の掟法なおもってこれを定むべしと云々、凡そ神妙、但し興成せしめば、天下のため然るべからざる事かな」と記されている。集会の場所が宇治の平等院であったこと、そして「国中の掟法」をあらためて定め直していることが読み取れる。このことを伝え聞いた大乗院尋尊は、「神妙」と評価して国一揆の動きを基本的に支持しながらも、あまり勢力が大きくなりすぎると天下のためによろしくないと危惧の念を漏らしたのである。ここには、両畠山軍の撤退が寺社本所領の回復につながる

図13　平　等　院

のを歓迎する一方で、それが室町幕府を中心に成り立っていた天下の支配秩序を脅かすことへの恐れが読み取れる。

尋尊の評価

『雑事記』にみえる国一揆に対する尋尊の評価を振り返ってみると、前年十二月十一日条には「然るべきか、但し、また下極上の至りなり」とあり、やはり歓迎する気持ちを抱きつつも手放しで喜ぶことができないという思いが「下極上の至り」という言葉に込められている。下極上（下剋上）は、下の者が上位者に実力で取って代わることを意味する用語であり、もとは陰陽道で使われる言葉として古代日本に伝わったとされ、中世には各種の史料に散見する。支配秩序を乱す行動を非難する意味合いで使われる場合が多く、『雑事記』文明七年五月十日条においても「近日、然るべき種性ハ下され、凡下（ぼんげ）・国民等ハ立身せしめ、自国・他国此（か）くの如し、是れ併しながら下極上の至りなり」と書かれている。『政覚大僧正記』文明十七年十二月十八日条では「寺社本所領の事、本式の如く、本所ノ使を用うべき由、風聞（ふうぶん）なり、事実たらば、然るべき事なり」、『狛野庄加地子方納帳』では「此くの上は諸本所領、毎事本（もと）に帰すべきの由、一国中面々、掟法これを置くと云々、神慮の至り、喜悦すべきものなり」とあり、寺社本所領の回復を取り決めた国人たちの掟法が興福寺にとって大いに喜悦すべきものであったことがわかる。『実隆公記』同年十二月十日条にも「寺社本所領、先々のごとくたるべしと云々、自愛々々」と書かれており、公家の三条西実隆は寺社本所領の回復につながるという見通しを聞いて喜びを表わしている。以上から、国一揆が両畠山氏を撤退させて寺社本所領の回復を実現したことは、寺社や公家たちにとって基本的に歓迎すべきものと受け止められていたと判断することができよう。

その一方で、『雑事記』に認められる天下の支配秩序を脅かすことへの恐れや下剋上への警戒心は、興福寺大乗院門跡の地位にある尋尊の置かれていた社会的立場をよくうかがわせるものといえる。前述したように、室町幕府―守護体制においては、幕府の全国支配

（天下成敗権）を守護が支え、守護の分国支配（国成敗権）を幕府が保証するというように、室町幕府と守護は相互に補完しあう関係で結びついていた。そして、寺社本所の支配も基本的にこの体制に支えられており、幕府の天下成敗権に依存する形で権門支配を維持・存続させてきたのである。ところが、山城国一揆が起きて畠山氏を南山城から撤退させたことにより、この地域では守護の保持してきた国成敗権を国人たちが掌握することになった。国人たちが「国中の掟法」を定めたのは自らの国成敗に関する権限の内容を確定するためであったと思われる。こうした国一揆を基盤にした自治的な統治形態を国持体制と呼んでいる。

国持体制は守護による国成敗とは異なり、幕府の天下成敗権を前提に成り立つものとは限らない。尋尊が恐れたのは、国人たちの勢力が大きくなりすぎて「国」の論理が「天下」の論理を脅かすことであったろう。幕府の天下成敗権が脅かされれば、結局、寺社本所の支配権そのものが否定される事態になりかねない。国人たちによる国成敗権の掌握まではは容認できても、それが幕府の天下成敗権への否定に発展するようであれば容認できないというのが、寺社本所側の基本的スタンスであったと思われる。

国人と土民

国一揆の主体

前述した『雑事記』文明十八年二月十三日条に「山城国人、平等院において会合す」とあるように、平等院で会合して「国中の掟法」を定めたのは「山城国人」と表現されている。藤原頼通によって建てられた平等院の阿弥陀堂（鳳凰堂）の前で、国人たちが一味同心の儀式を交わしたものであろう。その二ヵ月前に国一揆が勃発した時の記録では、「国人群集、色々北方ニ問答の最中なり」（『雑事記』文明十七年十二月十三日条）、「国衆より両陣ニ問答厳蜜(ママ)、迷惑せしむと云々」（『雑事記』十二月十六日条）、「山城一国中の国人ら申し合わすの故なり」（『雑事記』十二月十七日条）などとあり、国一揆の主体は「国人」とか「国衆」と表現されていることがわかる。『後法興院記』文明十七年十二月二十日条においては「山城国衆一味同心せしめ、両陣え訴訟致す、…承引致さざる方においては、国衆として相責むべきの由」と書かれ、ここでも一味同心したのは「国衆」と表記されている。一方、「国の面々一同」(『政覚大僧正記』十二月十八日条)、「一国中の面々、同心・合力…一国中の面々、掟法これを置く」(『狛野庄加地子方納帳』)のように、「国の面々」とか「一国中の面々」と記したものもある。「面々」の中身をどのように解釈するかが問題となるが、「国人」や「国衆」と大きな差はなかったとみるべきであろう。このように、寺社や公家の記録には、国一揆の主体は概ね「国人」・「国衆」という言葉で把握されていたことが読み取れる。「今度無為の計略ハ、国中三十六人衆これを申し合わせ」(『狛野庄加地子方納帳』)や、「山城国衆三十八人一揆せしめ」(『政覚大僧正記』十二月十八日条)という記事にみえる「国中三十六人衆」・「国衆三十八人」は、いずれも国一揆の主体となった国人たちを指しているのである。

これら各種の記録の中で、『雑事記』十二月十一日条に「今日、山城国人集会す〔上ハ六十歳、下ハ十五・六歳と云々〕、同じく一国中の土民ら群集す、今度両陣の時宜申し定めんがための故と云々」とあり、「国人」の集会と並んで「土民」の群集が書き留められているのが注目される。「土民」と呼ばれた人々が国一揆にどのような関わり方をしたのかという問題は、国一揆の性格を見定める上で重要なポイントになる。

少なくとも前述した記事の中からは、両畠山氏と問答を行って撤退を求め、「国中の掟法」を定めたのは、いずれも国人たちであって、土民たちが「国の掟法」の制定に直接関与した形跡は認められない。国人たちが「集会」を開いて掟法を制定するという組織だった動き方をしているのに対し、土民たちの動きは「群集」と表現されるだけで、組織的な行動様式は読み取れない。記録を残した寺社本所側からみると、国人と区別される土民層については国一揆の主体とは考えられていなかったようである。この点に、山城国一揆が「国一揆」と呼ばれても「土一揆」とは呼ばれない理由があったと思われる。

国人と土民

当時の史料では、国人の活動と土一揆は明確に区別されている。たとえば、長禄元年（一四五七）十月、土一揆が蜂起して宇治に押し寄せようとした時、管領細川勝元（かつもと）に命じられた「山城面々」（木津・田辺以下の八頭）が警固に当たったという。これは、細川氏が自らの被官である木津氏ら南山城の国人を土一揆に立ち向かわせたもので、国人たちは土一揆を鎮圧するために活動しているのである。当時の山城国守護であった畠山義就が土一揆の鎮圧を図ろうとしないのに対し、細川氏の振舞いは守護のようであると記されており、細川氏が早くから南山城の国人を被官人に組織し、守護ルートとは異なる回路を通じて国人を動かす力をもっていたことも読み取れる。

文正元年（一四六六）十二月の土一揆の場合も、「当国（大和）土民と云い、山城土民と云い、狼藉致せしむの条、歎き存ずる旨と云々」、「路次防禦の事、京都より山城国人らニこれを仰せ付けらると云々」（『雑事記』十二月二十二日・二十四日条）というように、馬借などの土民が徳政を求めて狼藉に及んだのに対し、国人たちには京都から路次防禦に当たるように指令が出されていた。「土民」と「国人」の動きは明確に書き分けられており、両者は正反対の性格をもつ存在として把握されているのである。国人が京都とつながっていることからすれば、長禄元年の場合と同様、ここでも国人の中に細川氏の被官人が含まれていた可能性は高い。

ただし、国人と土民はいつでも対立する関係にあったわけではない。長禄元年十二月、京都から下向した安位寺経覚は、土一揆のため閉鎖されていた木津を通ろうとして木津氏に連絡をとった結果、木津氏や中村氏の尽力のお蔭で無事に通行することができた。経覚は自身が通る間は路次を開けてくれた山城の馬借に対し謝意を表わしている（『経覚私要鈔』十二月七日・十日条）。ここからは、木津氏ら国人層が土一揆と密接な関係をもっており、国人は土一揆の動静に一定の影響力を保持していたことがうかがわれる。

本来、下司職などを有する国人層は沙汰人・百姓層を駆使しながら荘園支配を実現する立場にあり、狛野荘の狛氏や椿井氏が両沙汰人を被官化していたように、国人と土民は人的な結びつきをもつ場合が少なくなかったと思われる。各郷村を足場に勢力を確保していた国人たちは、農民たちの動きに影響を与える一方で、農民たちから様々に規定されながら行動せざるをえなかったのである。

応仁二年（一四六八）十月、石清水八幡宮領の久世郡狭山郷に「当国の輩（ともがら）」が乱入して石清水神人を殺害するという事件が発生した。翌年六月、細川勝元が石清水八幡宮の社家である田中氏に対して違乱を取り締まることを約束し、同時に上山城の被官衆に宛てて違乱を禁じる命令を発しているから、事件を起こした山城国人は細川氏の被官衆であったとみられる。注意されるのは、この事件が起きた時、狭山郷の地下人が本所への年貢を無沙汰したとして譴責されていることである。狭山郷名主沙汰人に宛てた奉書に「御被官衆の綺を止め、田中殿へ返付せられ候上は、早々年貢の事、沙汰いたすべく候」と書かれていることからみて、国人の寺社領への違乱に乗じて地下人が本所に年貢を納めないという行為に及んだのであろう。国人側と寺社本所側の対立を観察しながら、自らの利益になるように振る舞おうとする農民たちの抜け目ない行動様式が読み取れる。

土民は国人と区別される存在であり、土一揆が蜂起する場面では両者がしばしば衝突を繰り返してきた。山城国一揆においても、その主体は「国人」であり、当時「土民」と呼ばれていた馬借や百姓らが国一揆の意思決定に直接参画したとは考えにくい。とはいえ、文明十七年（一四八五）十二月十一日に、国人たちの集会が開かれただけではなく、一国中の土民も群集したとされることからすると、土民たちは国人の動きを共感をもって受け止めていたと判断してよいのではなかろうか。国人たちの集会が開かれることを聞いて群集した土民、すなわち百姓や馬借たちは、単なる傍観者ではなく、国人の動きを支持して集まって来たものとみられる。それは、国一揆のめざした方向が、土民の求める方向と重なる内容をもっていたためと考えられる。

合戦の主力は誰か

国一揆が起きる以前、南山城における合戦の主力は他国から入部してきた武士たちであり、守護政長方は筒井・十市氏ら大和牢人衆と斎藤彦次郎の軍勢、義就方は誉田・遊佐・平などが率いる河内の軍勢と大和の古市・越智勢であった。文明十七年十月二十一日の越智家栄代・古市澄胤代の連署願文に「今度山城・大和・河内の合戦において、当方本意を達し、国中静謐せしむ」ことが立願されているように、大和の国人にとって山城の合戦は大和・河内の合戦と一体のものと捉えられていた。

もちろん、地元山城の国人たちも両畠山方に分かれて戦闘に加わっていたであろうが、彼らが両軍の主力部隊であったとは言い難い。『雑事記』文明十七年十月十四日条には、義就方が確保していた「狛下司之跡之城」をはじめとする八ヵ所の城が書き上げられているが、御厨子之（みずしの）跡之城（八）・外野城・寺田城は「伊賀国人」、天王畑城は「河内国人」、椿井城・高之林城・稲屋妻城については「本人」と書かれている。「本人」と書かれた城の城主である椿井氏・高林氏・稲屋妻氏は、居城を確保したまま、義就方に与同していたのであろう。これに対して、「狛下司之跡之城」とか「御厨子之跡之城」という表現からは、本来の城主であった狛氏や水主氏などの山城国人が没落して、居城を義就方に奪い取られていたことがうかがわれる。狛城は文明十五年四月に落城して斎藤彦次郎の拠点となり、水主城の場合は文明十五年九月には斎藤彦次郎、同十七年に伊賀国人の持ち城となってしまっている。伊賀国人や河内国人など、他国から進駐してきた軍勢が南山城各地の城を押さえ、地元の国人たちは隅に追いやられていたのである。対陣する両畠山軍の主力部隊は、地元である山城の国人たちではなく他国の軍隊であったと思われる。

山城国一揆の勃発は、こうした状況を一挙に転換させるものであった。国一揆が起きた後、諸国から進駐していた軍勢の帰国に伴い、山城国衆は自らの在所に戻って来る。狛下司山城守の還住に関して「この体モ左衛門督方にて没落せしむる者なり、自他引き汲む輩、各帰国せしむ者なり、然るべき事なり」と書かれている（『狛野庄加地子方納帳』）。政長方として没落していた狛氏は、十二月末には帰宅を果たすのである。

一方、十二月二十八日には椿井懐専が河内において義就に切腹させられるという事件が起きたとされる（『雑事記』十二月二十九日条）。詳細は不明ながら、「今度の山城の事ゆえか」と述べられていることからすれば、義就方として戦闘に参加してきた懐専は、義就から国一揆勃発の責任を問われたものと考えられる。おそらく、彼が他の国衆とともに国一揆に参加したためであったろう。椿井懐専は享徳三年（一四五四）に菅井荘の代官に任じられたものの、その後は畠山方の者に代官職を奪われていた人物である。前述したように、国一揆が起きる直前の十二月九日、懐専は両畠山方の退陣の動きを尋尊に伝えて狛野荘加地子方の代官職への補任を所望している。国一揆により他国の衆が撤退すれば、椿井氏や狛氏など山城国人が帰宅して在地支配権を確保する道が開けていくのであり、国一揆の定めた寺社本所領回復の掟法には自らの権益を拡大しようという山城の国人たちの思惑が含まれていたに違いない。国一揆の勃発により、山城国内の権益を放棄せざるをえなくなった畠山氏と山城国人の関係が悪化し、椿井氏は義就から切腹を迫られることになったのであろう。

国一揆の成立は山城の国人層の権益拡大を実現させただけではない。両畠山方の入国禁止、寺社本所領の回復、新関の撤廃という国人たちが申し合わせた掟法には、馬借や百姓などの利害を代弁する要素が含まれており、また南都勢力をはじめ寺社本所の利害とも合致する部分が少なくなかった。国一揆を主導したのは国人層であったが、南山城地域の安定を求める広範な声が踏まえられていたのである。それは、それまで両畠山氏のいずれかに組織されてきた山城国人層が、畠山氏の利害から脱して「国」という言葉で表現される地域の利害を主体的に選び取ったことを意味していよう。したがって、山城国一揆は「国」の論理、地域の論理の上に成立したとみることができる。宝徳二年（一四五〇）の畠山持国の守護就任から山城国一揆に至るまで、応仁の乱の一時期を除いて三五年間にわたり断続的に展開してきた畠山氏の守護支配は、こうして終わりを告げるのである。

国持体制下の南山城

山城「惣国」と月行事

惣国とは何か

山城国一揆は、「国」の論理、地域の論理の上に成立したと述べたが、以下に示すように、当時の史料では国人たちが作り上げた権力体が「惣国」と呼ばれている。「惣国」とは、本来は国全体というニュアンスを意味する一般的な用語であったと考えられるが、ここから一歩進んで国全体を統治する主体として「惣国」という用法が生まれてくる。戦国期においては、「国」という語は多様な使われ方をしており、どのような場面でどのような意味合いで使われているかを吟味しながら史料を読み取っていくことが必要である。国一揆が統治した範囲は、実際には山城南部に限定され、山城一国に及ぶものではない。しかし、国人たちは「国」のもつ生活空間的な観念を基礎に、自らの権限が及ぶ範囲で「惣国」という呼称を用いたと思われる。

惣国を運営する機関と役職

「国の掟法」を定めたのが国人の集会であったように、「惣国」における最高の意思決定機関であったとみられるのが国人の集会である。史料からは、文明十七年（一四八五）十二月十一日の集会から始まって、翌十八年二月十三日の宇治平等院の会合、そして同年十二月十五日の会合など、節目節目において幾度か国人の集会が開かれていたことがうかがわれる。

『後大慈三昧院殿御記』文明十八年条によれば、「山城国人ども一国成敗、年行事・月行事これを定む」と書かれており、国人たちが「国の成敗」のために、年行事・月行事などの役職を定めていたことも判明する。その名称からみて、年行事・月行事という役職は、年単位・月単位の回り持ちで職務を担当する者を指したとみて間違いあるまい。『雑事記』同年五月九日条には、次に掲げる月行事が発給した文書が書き留められており、活動内容の一端が知られる。

山城国寺社本所において神領の内たりと雖も、両三社の外は諸入紐（組）年貢諸公事以下、午の年一年中半済たるべく候、此の趣奸謀なく速やかに以て惣国に処し納めらるべ

き者なり、仍て国の定め件の如し、

卯月十一日

惣国
月行事　判
判

スカイ

返事

当年国中の半済につき候て御折紙委細拝見仕り候、仍て此方は御本所大乗院殿として、春日の御神楽米たるにて候間、御除の在所にてあるべく候、諸篇御目出たく候、恐惶謹言、

卯月二十三日

すかい惣庄

月行事御返報

四月十一日の文書は、「惣国」の月行事が二名連署して本年は寺社本所領を半済とすることを菅井惣荘に伝え、年貢・諸公事以下を速やかに「惣国」に収納するように命じたものである。半済とは各荘園の年貢・公事の半分を徴収するもので、国持体制においては

「惣国」が半済を命じる主体となっていたことがわかる。この文書の書留文言は「仍て国の定め、件の如し」となっており、月行事が「惣国」の定めた規定を各荘園に通知する機能を果たしていたことを知ることができる。「返事」として掲げられた四月二十三日の文書は、これに対する菅井惣荘の返信であり、当地は大乗院領であり春日社への神楽米を納める荘園であるとして、半済の適用を免除してくれるよう月行事に求めたものである。

　このように、国成敗を担う国人たちの組織は「惣国」と呼ばれ、「惣国」を代表して各荘園などと交渉を行っていたのが月行事であった。月行事が二名連署であることからみると、国人たちは毎月二名ずつで月行事を務める仕組みになっていたのであろう。『政覚大僧正記』文明十八年十二月十五日には、相楽郡の賀茂荘・綺荘が有名無実となっていることに関して、「(興福寺)衆中ヨリ山城国衆、今日会合の間、其の通り月行事ノ方エ申し遣すと云々」とあり、興福寺衆中は年貢催促の要望を月行事に伝え、この日に開かれる会合で議論してもらうよう依頼したことが読み取れる。国人の集会で国一揆の意思決定がなされるにあたって、月行事は外部勢力との窓口として機能していたのである。

「惣国」による国成敗権の行使

以上にみてきたように、山城国人たちは集会を開いて「国の掟法」を定め、年行事・月行事など「惣国」の組織を整えて「国の成敗」を担った。国一揆の成立以後、「惣国」が行使したことが知られる権限に関して、史料から判明するものを具体的にみていこう。

寺社本所領の回復

寺社本所領の回復は国一揆が申し合わせた事項の一つであり、両畠山勢が撤退したことに伴い南山城の寺社本所領では荘園支配の再建に向けた動きが始まった。前述したように、『狛野庄加地子方納帳』には「国の掟法、諸本所領御直務たるべし、ことさら大和以下の他国の輩、代官としてこれを入れ立つべからずと云々、成物においては、荘民ら無沙汰致すべからずと云々」とある。ここからは、寺社本所領の直務支配の回復のみならず、大和などの他国衆を代官として任用することの否定や、荘民の年貢以下の無沙汰の禁止などが読み取れる。寺社本所領の直務回復は、他国衆による関与の否定、荘民からの年貢確保と連動していたのである。国一揆の主体である山城国人による権益確保という方向が明瞭に示されているといえよう。これに基づいて、寺社本所領の回復をめぐる交渉が個別に開始されていくことになる。

春日社兼興福寺領であり仏地院が奉行を務める狛野荘加地子方の場合、興福寺は現地に上使を派遣するとともに、沙汰人と十二番頭に奉書を発給して直務への協力を求めた。しかし、沙汰人ら百姓だけでは荘園の回復は容易でなかったらしく、文明十八年（一四八六）正月、沙汰人らは下司・公文・刀禰の三職にも奉書を出すように求めている。沙汰人・十二番頭の意向を伝え聞いた大乗院尋尊は、狛下司ら三職に宛てて奉書を給付している（『雑事記』文明十八年正月二十五日条）。

当荘の下司職と公文職を務めたのは狛氏であり、刀禰は延命寺であった。しかし、文明十五年四月に畠山義就勢によって狛下司が逐電させられて以来、当荘は「一庄不作」という状態に陥っていた。狛氏に代わって当地に入部した斎藤彦次郎方が下百姓に還住を呼びかけていることからすれば（『雑事記』文明十五年十月六日条）、百姓たちも狛氏に従って逃散していたものとみられる。義就方は、次の下司が定まる間は刀禰の延命寺から沙汰人に指示する形で本役などを春日社へ納めさせようとしている（『多聞院日記』文明十六年十二月十八日条）。しかし、『雑事記』文明十七年四月二日条に「御屋形（おやかた）、当国の事、御成敗（ごせいばい）以来、不慮に南都不知行に候」、「狛下司、御屋形より御罪科逐電以来、不慮ニ南都不知行に候」とあるように、義就が国成敗権を掌握し狛下司が逐電して以来、興福寺による知行は成り立たなくなっていた。下司の活動再開こそが、荘園回復の鍵を握っていたのである。政長方として没落していた狛下司が帰宅を果たしたのは、国一揆が勃発してまもなくのことである（『狛野庄加地子方納帳』）。

狛下司はこのとき代官請を所望したが、直務にこだわる尋尊はこの願いを拒絶した（『雑事記』文明十八年正月二十五日条）。両畠山方の対陣中から古市氏を介して代官請を望んでいた椿井（つばい）氏に対しても、同じく直務の方針が伝えられた。これに反発する狛氏は、以前から代官職を務めてきたという由緒を主張するとともに、自らの被官百姓や椿井氏の被官百姓など荘民に呼びかけて興福寺の上使に協力しないように命じ（『狛野庄加地子方納帳』）、名主らの指出（さしだし）提出についても妨害する姿勢を示した（『雑事記』二月六日条）。しかし、刀禰の延命寺らの協力で指出はなんとか提出されたようである。四月十九日には狛氏から加地子帳も提出されて、直務の体制が整った（『狛野庄加地子方納帳』）。

なお、狛氏側が興福寺との交渉の中で、河内の畠山義就から下知状をもらおうとしたのに対し、尋尊は「山城の事、両屋形去状これを出す、国人ら悉皆成敗する事なり」と述べて畠山氏を介入させようとする動きを退けている（『雑事記』文明十八年十一月十五日条）。両畠山氏から去状を出させて守護不入権を合法的に獲得した以上、南山城の荘園支配については畠山氏の指示を仰ぐことなく国人らの成敗に基づいて処理されるべきだというのが尋尊の主張であった。「惣国」の行使する権限は、畠山氏の守護権を肩代わりする役割を果たすものと考えられていたことが分かる。

狛野荘加地子方をめぐる一連のやり取りからは、狛氏や椿井氏など山城の国人たちにとって、寺社本所による直務の回復は他国衆の代官支配を排除するための建前という面が強く、彼らのねらいは自身の代官職就任にあったことが読み取れよう。これは、大西氏が祝園荘、大南氏が菅井荘の代官職をそれぞれ所望していることからもうかがわれる。彼らが代官職を得るためには、まず国一揆を起こして両畠山軍を追い出し、寺社本所領の回復を図る必要があったのである。

しかし、国成敗の権限を掌握した「惣国」が国掟法の中に寺社本所による直務という原則を掲げた以上、国人層の動向はこれに縛られざるをえず、彼らが権益を拡大する動きを制約する面をもった。それでも、長らく大西氏によって押領が続いてきた祝園荘の場合は、以後一〇年間に限って代官職の設置が認められ、その後は押領分も含めて寺社に返付することで決着がつけられており、菅井荘でも同様の方式を所望する大南氏との間で交渉が行われている（『雑事記』文明十八年五月九日状）。寺社本所側にとっても、下司・公文などを務めて百姓たちに大きな影響力をもつ国人層の協力なしでは荘園支配が成り立たないことはわかっていたのである。

文明十八年三月、伊勢氏が山城国守護に任じられるとする噂を聞いた尋尊は、直務支配が困難に直面している狛野荘加地子方の件を伊勢氏に伝えた。『雑事記』三月十二日条には「寺社本所領請口（うけくち）の事、則（すなわ）ち伊勢の者共、沙汰すべき用意候と云々」と書かれており、伊勢氏の守護就任に伴って配下の者の中に代官請をねらう動きがみられたようである。国一揆が起きた当初に掲げられた本所による直務支配という原則は、次第に脅かされる場面が増えていったものと予想される。

半済の実施

前述したように、文明十八年四月十一日、「惣国」の月行事が二名連署して本年は寺社本所領を半済とすることを相楽郡の菅井荘に伝え、速やかに年貢諸公事以下を「惣国」に収納するように命じた。「午(うま)の年一年中半済たるべく候」とあるように、文明十八年に限定して半済を実施しようとしたのである。これに対し菅井の惣荘側は、当荘の本所は興福寺大乗院であり、春日社の神楽米を負担する在所であるとして除外を求めている。従来は幕府や守護が半済を命じていたのに対し、国人たちが国成敗権を掌握した後は「惣国」が半済の主体として登場していることが注目される。

『神木御動座度々大乱類聚(しんぼくごどうざたびたびたいらんるいじゅう)』文明十七年条には、「春日以下三社領においては、今度国人入目(いりめ)どもこれを懸けず、谷井・大住・狛野以下これを閣(さしお)く、その余ハ半済これを引く」と書かれており、国人たちが春日社などの社領を除いて半済をかけようとしていたことがわかる。「入目」と表現されているように、国人たちが国持体制を維持する上で必要な費用を徴収しようとしたものと考えられる。寺社本所側にすれば、両畠山氏に代わって山城「惣国」が荘園支配を脅かす存在として立ち現れてきたのである。

半済の実施において顕在化した「惣国」と惣荘の対立をどうみるかは、国一揆の性格を考える上で重要である。永原慶二は、山城国一揆が「惣国」（国人という年貢をとる立場の者の結合体）と惣荘（年貢を出す立場にある民衆的な結合体）の重層構造をとっていたことを指摘した上で、惣荘という民衆的な結集体こそが国一揆を成立させる基礎的な力であったとする見方を提起している（永原「日本史における地域の自律と連帯」）。しかし、国一揆における国人の主導性は否定できないところであり、半済をめぐる惣荘との対立をみても「惣国」は第一義的には国人層の利害を反映する権力体であったと考えられよう。国一揆の中に認められる民衆的な要素に注目するあまり、国一揆自体を民衆的なものと性格づけるような見方は事態を見誤ることになりかねない。

室町幕府の半済制度は年貢の半分を兵粮料所として軍勢に預け置いたことから出発したもので、やがて半済を設定・預け置く権限は諸国の守護に掌握されていくようになる。したがって、国一揆成立後の南山城において「惣国」が半済を実施したのは、守護の権限を継承したものとみることができる。両畠山氏から去状を出させて守護の権限を排除した以上、半済に関しても「惣国」がその権限を掌握することになったのであろう。久世郡の伊勢田郷についても「当年国衆半済」と記されており、「惣国」による半済の適用がなされたことがわかる（『雑事要録』文明十八年分）。「惣国」は守護に代わる存在として惣荘に向きあっているのであり、惣荘や惣村が国一揆における「惣国」の下部機関であったというわけではあるまい。

交通路の支配

文明十七年の年末に国一揆が成立して以後、南山城地域の交通路は通行できなくなったわけではない。史料に現れる事例をみる限り、興福寺大乗院門跡尋尊らの上洛、青蓮院門跡の南都下向、足利義政側室の伊勢参宮、義政女房の長谷参詣など、いずれも問題なく当地域を通過している。ただし、土一揆が徳政を求めて蜂起した延徳二年（一四九〇）には山城道がストップするということがあった（『政覚大僧正記』十月九日・『雑事記』十一月二十二日条）。

また、延徳三年七月には大和の越智家栄によって山城道が止められるという事件があった。これは国一揆が起きた時に両畠山勢を撤退させることができたのは越智氏の被官である岸田数遠の計略によるものであったにもかかわらず、国人たちが支払うべき礼物のうち二百貫文が未納になっており、その催促のためであったとされる（『雑事記』延徳三年七月二十五日条）。交通路の停止は南山城地域の国人にとって大きな打撃となる事態であったことがうかがわれる。とりわけ尋尊が「近日御出陣につき、方々より京上物共の事、時節然るべからざる事か、定めて停止の上は、混乱の事共これあるべし」と記したように、幕府軍の近江出陣を前に京都への人馬往来が激しくなる状況下において、山城道を止めることは混乱を招くもとであった。

一方、山城国人たち自身が交通路を止めるという場合もみられた。『雑事記』長享二年（一四八八）正月二十一日条にみえる「山城路次、今日より彼の国衆これを止めると云々、米商売の事、衆中において訴訟の子細あるの故と云々」という記事である。詳細は不明であるが、米商売の件で訴訟が起こり、これに伴って山城国人が交通路の通行を停止させたというのである。

明応元年（一四九二）十月には、一〇〇人ほどの山城国人が同心・申し合わせて新関を立てている。これに対し、狛野荘や木津荘の住民はそれぞれ荘園領主である大乗院と一乗院に文書を送り迷惑を訴えた（『雑事記』十月二十日条）。翌十一月、山城に作られた三ヵ所の新関が細川政元（まさもと）の成敗により停廃されている（『雑事記』十一月八日条）。政元は細川氏の被官となっていた山城国人に働きかけて新関を撤去させたのであろう。「江州（ごうしゅう）の儀、厳蜜（げんみつ）（ママ）の間、此（か）くの如く申し付けると云々」と記されていることから、大詰めを迎えていた近江六角攻めにともなう措置であったとみられる。新関の設置が近江出兵にともなう人馬通行への障害となりかねなかったものと考えられる。

以上のように、南山城の国人たちは当地域の交通路を管理・統制する動きを示しており、新関を設置するなどの行為に及んだ。国一揆が成立した時、国人たちは「新関等一切これを立つべからず」という申し合わせを交わしたことを想起すると、新関の設置は当初の原則から逸脱したようにみえる。しかし、当初における新関撤廃の主眼は両畠山方として進駐していた他国衆による新関の撤去であったと考えられ、それが実現した以上、国人たちが新関を設置して交通路支配に伴う権益を確保しようとするのは当然起こりうる動きであったろう。

なお、延徳三年の史料からは、久世郡内の交通に伊勢備中守貞陸が関与していることもうかがえる。この年二月十一日に大乗院の人夫が京都から奈良に下向するにあたって、「路次の事、伊勢備中方より宇治大路に申し付く、畏み入り高・奈嶋辺ニ来たるべしと云々」とあるように、宇治大路氏が伊勢貞陸の命令をうけて警護のため多賀・奈島付近までやって来るのである（『雑事記』二月十一日条）。二月十三日には、尋尊らが上洛するにあたって狛氏の代官が多賀・奈島まで警護に当たり、以後は宇治大路氏の内者が宇治今神明社まで警護を勤めている（『雑事記』二月十三日条・『政覚大僧正記』二月十三日条）。尋尊がこの時各方面に贈った礼物の中に、伊勢貞陸に二荷、宇治関所に一荷が含まれているから、ここでも宇治大路氏は伊勢貞陸の指示をうけて宇治から多賀・奈島の区間の警護に当たっていたものと思われる。宇治大路氏は近衛家領荘園である宇治郡五ヶ庄の公文を務め、幕府の奉公衆として活動した一族である。一方、伊勢貞陸は文明十八年五月に山城守護に起用され、明応二年にも守護に補任されたことが知られる人物である。綴喜郡と久世郡の境に当たる多賀・奈島より北では、伊勢氏―宇治大路氏のラインで警護する方式が採られているのは興味深い。この時点では、国一揆による交通路支配は久世郡に及んでいなかったものであろうか。

南山城の国人たちが交通路の管理や統制に関わる権限を行使できたのは、やはり国一揆が両畠山勢を排除して国成敗権を掌握していたことによると思われる。国一揆は守護による交通路の支配権を肩代わりする機能を果たしたのである。しかし、延徳三年における久世郡内の交通に対する伊勢氏の関与をみる限り、久世郡は国一揆による交通路支配の機能する範囲からはずれていた可能性が高い。この時点では、国人たちの国成敗権は、綴喜・相楽の二郡に限定されていたのではないかと考えられるのである。

紛争処理と検断

文明十八年十一月、相楽郡の子守社の買得の事で大乗院尋尊のもとに山城国から申し入れがなされた（『雑事記』十一月二十九日条）。これに対し、尋尊は事態を糺明することを約束する旨の返事を出している。尋尊が調べてみる

図14　石垣集落

と、奉公していた伊与守という人物が相楽郡の石垣荘へ十二貫文で子守社を売り渡していたことが判明した。しかし、高矢辻子方がこれを破棄したために、石垣荘と辻子の間で相論に発展したのである（『雑事記』十二月七日条）。

翌年四月、石垣荘の郷侍たちは大乗院領である菅井荘の夏麦を押収するという手段に出た（『雑事記』文明十九年四月二十二日・晦日条）。対応に追われた尋尊は、菅井荘への違乱を非難する一方で、「国の面々申し合わすべし、集会これあらば申し入るべしと云々」と記すように伊与守の処罰をはじめ子守社についての成敗を山城の国人の集会に委ねるのである（『雑事記』六月二十二日条）。「惣国」の国持体制のもとで、南山城における紛争の処理という公共機能を国人たちが掌握していたことを物語っていよう。

文明十九年正月には、大和国箸尾の金剛寺被官人であった坂油売（さかのあぶらうり）が綴喜郡の多賀で殺人を犯し、雑物を奪い取るという事件が発生した（『雑事記』文明十九年二月二日条）。この刑事事件は山城国人たちによって検断沙汰が行われ、犯人を召し捕り切り捨てるという処分を断行した。このことを伝え聞いた尋尊は、「山城の沙汰の次第、神妙なり」と褒めたたえている。

守護権と山城「惣国」

守護権の継承

山城「惣国」が行使した検断・半済・交通路管理などの権限については、守護権の継承とする理解が有力である。とはいえ、「惣国」は室町幕府から守護職に任じられたわけではない。国一揆結成からまもない文明十八年（一四八六）、幕府は山城国守護職を政所執事である伊勢氏に与える方針を示し、同年五月には山城国を「料国」として伊勢貞陸を守護に任じた。翌年十一月にも、伊勢守を守護に当てることが決定して近日伊勢下野守（盛相）が入国する用意をしているという記事が『雑事記』十一月八日条に見いだせる。

したがって、国一揆を分郡守護の一つに位置づけるような理解は誤りであり、たとえば

『角川日本史辞典』の巻末に掲げられた諸国守護の一覧表の中に、南山城三郡の守護として山城国一揆が記載されているのは正しくない。幕府は国一揆成立以前と同様、山城御料国化を基本政策としており、伊勢氏を通じて管理する方向を追求しつづけていたとみられる。

「惣国」と守護権力とでは、社会的な位置づけや組織体の構成原理などに本質的な差異があるのであって、両者の違いを混同してはならない。しかし、両者の性格が異質だからと言って、権限の委譲や継承がなされる可能性までが排除されるわけではない。南山城における国持体制が畠山氏に交渉して去状を獲得した上で成立したものであった以上、「惣国」は守護畠山氏の手に握られていた権限を肩代わりする面をもっていたはずである。「惣国」の行使した権限が、守護権の継承という一面を有していたのは間違いあるまい。

国成敗権

ただし、注意すべき点は守護の行使してきた権限を何か定まった出来合いの権限と捉えてはならない、ということである。地域社会が自立的な性格を強める中世後期においては、守護は軍事動員権を中核としつつ、国衙（こくが）の権限を継承しながら、あるいは地域社会からさまざまな要素を受容・包摂して権限を拡大させてきた。守護は国人や村落・寺社勢力などと接触・交渉・抗争等を積み重ね、諸勢力との具体的な関係を通じて自己の権限を確定させていくのである。したがって、守護職に補任されればそれに付随して諸国で共通する権限がア・プリオリに付与されたとみるべきではない。むしろ、中世後期の守護が行使した権限は国ごとに多様性をもっており、それを総括的に示すとすれば「国成敗権」と表現するのが適当である（川岡勉『室町幕府と守護権力』）。幕府が補任する守護職は、国成敗権を幕府側から示したものにすぎないのである。

十五世紀前半であれば守護職補任という手続きを踏まなければ国成敗権を確保できないのが通常のあり方であった。これに対して、そうした手続きなしに国成敗権を確保しうるようになるのが戦国期である。現に、応仁の乱後、幕府に敵対したまま河内に下向した畠山義就が、人々から「守護」と呼称されている事実を確認することができる。つまり、戦国期になると幕府の補任する守護職と国成敗権が乖離（かいり）する現象が進行していたのである。両畠山氏が南山城から追い払われた時、畠山氏が掌握していた権限は「惣国」のもとに継承された。そして、幕府から伊勢氏が守護職に任じられても、宇治川以南の南山城については、国成敗権（正確には郡成敗権と表現すべきであろう）は引きつづき「惣国」の側に委ねられたのである。

一方で、「惣国」が行使した権限は、単に従来の守護が掌握していた国成敗権の継承に限定されるものではなかったろう。近年の研究では、畿内近国において在地的な保障体制を下から創り出す動きが広くみられたことが指摘されている。南山城三郡にあっても、畠山氏を排除することによって、畠山氏が行使してきた権限を包摂しつつ、地域社会の安定を図るシステムを在地の側が生み出そうとしていた。寺社本所領の回復や新関の撤廃など、国掟法に盛り込まれた条項には、在地の側から創出された国成敗権の内容が具体的に示されているといってよかろう。

さて、国人たちが国持体制を実現したとなると、室町幕府―守護体制を基軸とする中世国家の支配とどのような関係を取り結ぶかが直ちに問われてくることになる。史料をたどる限り、当初、幕府や細川氏、荘園領主などは国持体制を弾圧する姿勢をみせていない。それどころか、文明十八年十一月、狛野荘刀禰(とね)の延命寺が河内畠山義就の許可をうけたと称して加地子以下の持分を無沙汰し、狛下司が義就から下知状をもらってこれに対抗しようとしたとき、大乗院尋尊は両畠山の去状が出されている以上あくまで国人らの手で成敗すべきだと主張している（『雑事記』十一月十五日条）。

このように、国持体制の成立によって中世国家と国一揆が直ちに敵対的な関係に陥ったわけではない。これは国衆の主力が細川政元の被官であったということもあろうが、何よりもそれまで南山城地域に進攻していた両畠山氏が排除されて寺社本所領が回復されたことが大きいのではないか。南山城地域の安定を確保することは中世国家にとっても至上命題であったはずであり、両畠山軍が排除されたことは、寺社本所をはじめ幕府や細川氏にとってもとりあえず歓迎すべき事態であったろう。山城「惣国」は、幕府―守護体制による南山城支配が困難な状況を衝くことによって、ひとまず中世国家から存続を容認されたと考えられる。

山城「惣国」と細川政元

細川氏との結びつき

ここまで折にふれて述べてきたように、山城国一揆の成立過程をたどっていく時に注意されるのは、山城国人と細川氏との結びつきである。『狛野庄加地子方納帳』にみえる「今度無為の計略ハ、国中三十六人衆これを申し合わせ、かくの如く成し下しおわんぬ、大略細川九郎殿に奉公の体と云々」という記事からは、国一揆の中心に「三十六人衆」と呼ばれる国人たちがいたこと、彼らの多くが細川九郎（政元）に奉公する者たちであったことが読み取れる。

細川氏と南山城の国人衆との繋がりは、畠山氏が山城国守護に就任して軍事的支配を強めていく十五世紀半ばまでさかのぼる。康正三年（一四五七）九月、守護畠山義就の軍勢が木津氏討伐の幕命をうけたとして出兵した時には、「山城衆十六人」が連署一揆して木津氏に加勢したほか、木津氏や田辺別所氏らを被官人として組織していた細川勝元(かつもと)も木津氏を支援する構えをみせた。義就方が木津氏や狛下司を追い落とすと、これに対抗して西岡の細川勢が田辺に進攻し、狛下司や田辺別所に与同して合戦に加わっている。

同年十月、徳政を求める土一揆が宇治を襲った時には、勝元が「山城の面々」（木津・田辺以下の八頭）に命じて警固に当たらせた。『経覚私要鈔(きょうがくしようしょう)』には、守護である義就が土一揆鎮圧を図らないのに対し、勝元の振舞いは守護のようであると記されている。山城国内では守護による一元的な行政支配が展開せず、それとは別に細川氏の被官人支配の回路を通じて治安維持がなされていたのである。まもなく京中に乱入を図る土一揆を撃退するために「細川の内者」六〇騎ほどが出兵し、安富二郎左衛門尉ら一一人が戦死を遂げることになる。

ここに見いだせるのは、畠山義就の圧力に対抗するために、国人衆が一揆を結んで地域的結集をはかるとともに、細川勝元の庇護を求めて被官化していくという構図である。勝元は幕府の管領を務める有力大名であり、義就に対しては敵対的な動きを示していた。山城国人衆の一揆と細川氏への被官化は、守護畠山氏の支配下に組織されることを嫌う国人たちが自立性を確保するために選び取った道だったのであろう。

長禄四年（一四六〇）には義就の政敵である畠山政長が守護に任じられ、以後は山名是豊・山名政豊・畠山政長と、幕政の変動に伴って山城の守護職は移動した。これに対し、山城国人衆と細川氏との被官関係は引き続き維持されていった。応仁の乱が勃発すると、彼らの多くは勝元の率いた東軍に加わる。応仁二年（一四六八）、石清水八幡宮領の久世郡狭山郷に乱入した国人衆は勝元の被官人であったらしく、勝元は「上山城被官中」に宛てて違乱を禁じる命令を発した。『雑事記』同年閏十月十五日条によれば、相楽郡の狛野荘加地子方も「東方奉公の山城国十六人衆」によって押領されている。東軍に属す十六人衆が、戦乱状況に乗じて寺社領を侵略していたのである。

ところが文明二年（一四七〇）に西軍の大内勢が南山城に進攻すると、「悉く以て東方没落す、十六人細川方披官十二人、西方ニ降参しおわんぬ、今四人ハ木津・田ナヘ・井手別所・狛なり」（『雑事記』七月二十三日条）とあるように、細川氏の被官一六人のうち一二人までが西軍に降参したとされる。東軍に踏みとどまったのは、木津・田辺・井手別所・狛の四人にすぎなかった。同四年の下狛の合戦で大内勢と戦った狛山城守は、奮戦の次第を報告する軍忠状を提出して細川勝元から証判を受けているから（十月十七日「狛山城守

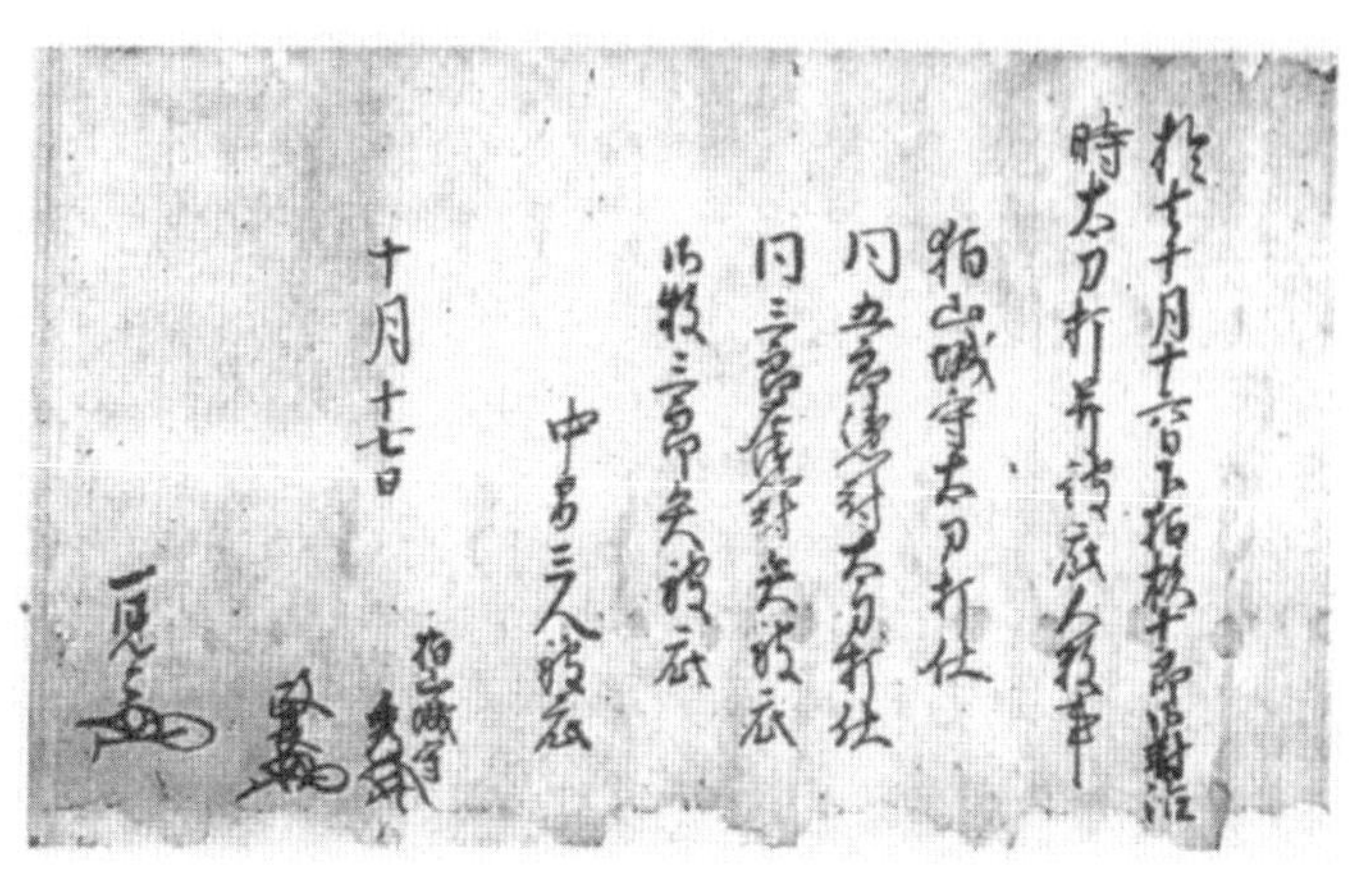

図15　狛秀外軍忠状（国立歴史民俗博物館蔵）

秀・同政長連署軍忠状」）、狛氏がこの時点でも勝元の配下で活動を続けていたことを確認できる。

文明五年に勝元が死ぬと、東軍の山城国人衆は細川氏の新当主である政元と結びつきを深めていった。そして、同九年に西軍の大内勢が山城から撤退し、代わって畠山義就が南山城に勢力を拡大するに及んで、再び細川氏の被官となる国人衆が増加したものと考えられる。こうして、同十七年に国一揆を起こした「三十六人衆」の多くが政元に奉公する者たちであると記される状況につながっていくのである。三十六人衆のすべてが政元の被官であったかどうかは定かでないが、国一揆の中核に政元の被官人がいたことは間違いないところであろう。勝元の時代の十六人衆から、政元の時代の三十六人衆へと国人衆の結集体が拡大している様子がうかがえる。

細川政元の関与

それでは、山城国一揆の成立にあたって、政元は実際にどの程度関与していたのであろうか。国一揆勃発以前、河内や南山城で睨み合いを続ける両畠山方に対して、表向きは政長方を支持するのが政元の基本的立場であったろう。政長は当時の幕府の管領であり、一方の義就は文明十五年八月に朝敵として討伐を命じる綸旨が出されたように朝廷・幕府への敵対者だったからである。しかし、一方で政元は早い時期から義就との間に和平工作を進めていた。同十四年の政元の摂津出陣の際には、「細川・河内畠山同心せしめ、発向すべきの由、内談かと云々」（『雑事記』三月一日条）とあるように、政元と義就の提携がささやかれている。同年七月には、大和の越智家栄の斡旋により、政元と義就がそれぞれ奪っていた土地（河内十七ヵ所・摂津闕郡）の返還がなされたという（『雑事記』七月十六日条）。「官領難義迷惑なり」とあるように、政元と義就の接近は管領政長を窮地に追い込むものであった。「細川と河川（州カ）無為必定の間、大和面々衆今に於ては迷惑なり、早々合力あらば畏み入るべし、然らずんば面々悉く以て引退すべきの由、官領に対し訴訟いたす」（『雑事記』七月十六日条）とあるように、政元と義就の和平が進行するのは、義就に脅かされていた筒井・十市ら政長方の大和国衆にとっても好ましいことではなかった。彼らは管領政長に働きかけて合力を引き出そうと画策しており、合力が得られなければ撤退すると政長に申し入れたのである。

以上のように、政元は政長方に一方的に肩入れする関係ではなかったと思われる。同十六年には、政元が河内にいる義就に申し送って山城の諸関を撤去するよう働きかけており（『雑事記』十一月十四日日条）、政元が義就に連絡をとる回路を保持していたこともうかがえる。南山城における合戦の主力は河内・大和・伊賀など他国から入部してきた武士たちであり、細川氏の被官人ら地元山城の国人は隅に追いやられていたとみられる。こうした状況からみても、政元が両畠山氏の合戦に積極的に関与していたとは考えられない。

図16　細川政元画像（龍安寺蔵）

そうした中にあって注目されるのは、国一揆が起きる半月余り前の『雑事記』文明十七年十一月二十三日条にみえる「城州の事、上意として細川に仰せ出さるかの由、風聞す、この条御成敗、尤も然るべきか」という記事である。両畠山方の対陣が長期化して身動きがとれない状況に陥っている中で、将軍家の上意として山城国を細川氏に委ねるとする意向が示されたというのである。これは、政元を山城国守護職に任じることを意味したと解釈することができる。将軍家は、以前から被官人支配を通じて南山城地域に大きな影響力をもってきた細川氏を守護に起用することにより、事態を打開しようとしたのではないだろうか。この風聞を耳にした尋尊が「尤も然るべきか」と述べているように、これは興福寺など寺社本所勢力にとって歓迎すべき動きであった。もちろん、地元山城の国人衆も意を強くしたことであろう。この機を捉えて国一揆を結成し、畠山両軍の撤退を求めて立ち上がるのである。

とはいえ、この点を強調して山城国一揆が政元によってコントロールされていたように捉えるのは正しくあるまい。政元の役割が注目を集めていたとはいえ、政元がこの一揆に直接関与した形跡は認められない。また、政元への守護職補任が実現したわけでもない。何よりも、両畠山方の排除という課題が、細川氏の手によってではなく、国一揆自身の力によって実現されたことは、事態の本質をよく示している。この運動の主体はあくまでも国人たちであり、彼らは一味同心して両畠山軍の撤退を強く申し入れ、要求を受け入れない場合は国衆として攻撃する構えを示した。そのため、両軍はやむなく撤退に応じざるをえなかったのである。国人たちは両軍の撤退を勝ち取るために、一方で自らの軍事力の行使をちらつかせながら、他方で越智氏配下の岸田数遠に礼物を支払う約束をして仲介を求めるなど（『雑事記』延徳三年七月二十五日条）、硬軟取り混ぜた交渉力を発揮している。その結果、国一揆は両畠山方から去状を獲得して、守護不入権を合法的に手に入れるのに成功したのである（『雑事記』文明十八年十一月十五日条）。山城国一揆は何よりも南山城の国人たちによる主体的な動きに支えられて成立したものであり、寺社本所側が基本的にこれを歓迎する姿勢をみせながらも、国人たちの力が過度に拡大することに対して警戒の目を向けざるをえなかったのも、そこに起因していると考えられる。

したがって、国一揆の中核となった三十六人衆の多くが政元に奉公する被官人であったとしても、国一揆に対する政元の役割を過度に強調するのは、山城国人たちが地域的結集を行って一揆を起こした事実を軽視していることになる。国持体制は政元が守護権を掌握する中で生まれたのではなく、幕府―守護体制による南山城支配が困難な状況を衝くことによって実現したのである。

山城国一揆の掟法にみられる三項目（①両畠山方の入国禁止、②寺社本所領の回復、③新関の撤廃）は、寺社本所や幕府にとってとりあえず歓迎すべき内容であり、細川政元の政治姿勢と相通じる要素も含まれている。国持体制は、ひとまず中世国家から存続を容認される要件を満たしていたとみてよい。

ただし、このことは幕府―守護体制と国持体制の長期的な共存を約束するわけではない。本来の幕府―守護体制が守護に国成敗権を委ねる形で成り立つものであったのに対して、国持体制においては幕府―守護体制の直接的な支配系統に属さない「惣国」が国成敗権を継承してしまうことになった。そうなると、幕府―守護体制による支配が南山城には直接及ばない事態が生じる。『雑事記』長享元年六月二十二日条には「山城国公方御料所分ニテ、御年貢百貫進上すべきの由申す事これ在り、一決せずと云々、但し御下知せざる事なり、中途に申す事なりと云々」と記されており、山城国内の御料所の年貢の扱いをめぐって議論が生じ、スムーズな年貢進上に至っていない様子がうかがわれる。国持体制が山城を御料国として伊勢氏に管理させようとする幕府の方針の障害になっていたのは間違いあるまい。中世国家にとって、幕府―守護支配の再建こそ望ましいものであって、国一揆の中心メンバーが細川氏被官人であったという事実も、幕府―守護支配と国持体制の異質性を曖昧にしてよい理由にはならない。

国持体制の成立により幕府―守護支配が機能しえない状況にあったとすれば、中世国家にとって重要になるのは細川氏による被官人統制を通じて「惣国」への影響力を及ぼすことであった。文明十八年十月、室町幕府の安堵奉書を得て東久世荘に入部しようとした久我家代官が違乱をうけた時、細川政元は上山城被官人中に宛てて代官に合力するように命じている（『久我家文書』）。本来であれば幕府→守護→国人のルートで違乱停止の命令が下るべきところであろうが、国成敗権が守護でなく「惣国」に握られている以上、守護による分国支配の回路が機能することは困難であった。そこで、室町幕府→細川政元→上山城被官人のラインで違乱停止が図られたのである。

南山城地域への政元の関わりは以後の史料にも断片的ながら認められる。延徳四年（一四九二）六月、大和の越智氏が材木を京上するにあたり、木津よりは船で送られたが、その手配に関して「細川方より申す」と書かれている（『雑事記』六月十六日条）。また、同年十月に新関が設置された際には、政元が乗り出して撤去が実現している（『雑事記』十一月八日条）。この新関は一〇〇人ほどの山城国人が同心・申し合わせて設置したものといわれ（『雑事記』十月二十日条）、それが近江出兵にともなう人馬通行への障害になりかねなかったため、政元は国人らに自重を求めたのであろう。このように、守護による分国支配の回路が断たれる中で、南山城における細川氏の役割は以前にまして重要性を高めていくのである。

一方、山田康弘は、守護である伊勢氏が三十六人衆の一員であった進藤氏を通じて国一揆と接点をもっていた可能性を指摘している（山田『戦国期室町幕府と将軍』）。稲八妻（いなやづま）荘の公文である進藤氏は、伊勢氏の被官人として南山城支配の代官的存在であり、この回路を通じて守護と国一揆がつながっていたと解釈するのである。国一揆が武力弾圧を受けなかったのも、このことが理由の一つであったという。とはいえ、国持体制が存続する限り、伊勢氏の守護支配が十全に機能することは期待できない。いずれ機会を捉えて、幕府―守護支配の再建が企てられなければならなかったのである。

解体への道

明応の政変の勃発

山城国一揆(やましろのくにいっき)によって南山城から追い出された両畠山軍は、以後も河内国を主戦場として衝突を繰り返していた。河内の隣国である和泉や紀伊でも両畠山方の争いが断続的に展開している。延徳二年（一四九〇）閏八月、室町幕府は興福寺の学侶・衆徒に対して、畠山義就(よしひろ)と与力人の退治を命じ、政長と相談して忠節を尽くすように求めており（『雑事記』九月十三日条）、大和国内でも依然として義就方と政長方の対立が続いていたことがうかがわれる。ところが、この頃、義就は重い病に冒されていた。同年十二月、義就は河内の高屋城において死去することになる。

畠山義就の死去

室町幕府は、この機に乗じて義就方を一気に討滅しようと図り、翌三年八月には義就の子次郎（基家）の退治を命じる奉書を発した（『雑事記』八月二日条）。興福寺に対しても、基家に与同する越智家栄・古市澄胤らを討伐するように命令が出されている（『雑事記』九月二十七日条）。これに対して、基家は密かに幕府の実力者である細川政元に接近を図った。基家と細川方の縁組が進められ（『雑事記』八月二日条）、延徳四年正月には基家の使者遊佐中務丞と越智氏の家臣岸田新左衛門尉が伏見津田の在所で政元と会見し、和平に向けた話し合いがなされている（『雑事記』正月二十七日条）。京都では基家が政元の許しを得て上洛してくるのではないかと噂され、「天下大乱の基か」とささやかれて緊張が高まっていくのである（『後法興院記』二月二日条）。

将軍足利義材の河内出陣

しかし、幕府は以後も基家と越智・古市を追討する動きを変えてはおらず、南山城では宇治橋の北に「河内の者、越智ならびに古市の者」の通行を禁じる制札が掲げられた（『雑事記』延徳四年三月一日条）。延徳三年から近江の六角攻めに出陣していた将軍足利義材は、明応元年（一四九二）の末に帰京し、つづいて畠山基家を討伐するため河内に出陣する準備に取りかかった。翌二年正月、伊勢氏のもとから興福寺大乗院領である菅井荘沙汰人に対して、人夫を稲八妻方へ差し出すように命じる書状が届いた（『雑事記』二月五日条）。義材の河内出陣に備えて、伊勢氏の守護役として南山城の荘園に人夫が課されたのである。蔭凉軒主の亀泉集証が相国寺雲頂院領の稲八妻荘の件で伊勢貞陸に一行を遣しているが、これも人夫の動員に関することであったと思われる（『蔭凉軒日録』二月十四日条）。同じ頃、東寺領や北嵯峨名主沙汰人に対しても同様の命令が幕府から出されており、山城全域で人夫の徴発が図られたのである（「二十一口方評定引付」二月十日条・「井関文書」）。

なお、このとき伊勢氏が稲八妻方へ人夫を差し出すように命じたのは、稲八妻が南山城における伊勢氏の拠点であったからに違いない。相楽郡の稲八妻は幕府御料所であり、政所執事を務める伊勢氏の被官である進藤氏が公文を務めていたことが知られる。『蔭凉軒日録』三月八日条によれば、山城国守護職が伊勢貞陸に与えられ、その被官である蜷川新右衛門尉親孝に相楽郡を与えるという措置が採られたようである。

これまで国持体制下の南山城では、伊勢氏の守護支配は実効性をもたず、幕府が山城御料国を伊勢氏に管理させようとする試みは「惣国」の前に阻まれ続けてきた。しかし、ここに至って、南山城に対する幕府―守護支配を建て直そうとする動きが本格化した。それが将軍足利義材の「河内動座」を引き金にしていることが注目される。『東山殿時代大名外様附』によれば、この史料に書き上げられた奉公衆の一番衆八九名の中に、伊勢守・同備中守・同因幡守・同左京亮・同肥前守・同下総守・同備後守・同上野介ら二〇名にのぼる伊勢氏一族の名前がみえている。今谷明は、これを義材が河内攻めを前に親衛隊の改編を実施した結果だと解釈している（『室町幕府解体過程の研究』）。河内出陣を前にして、伊勢氏の役割がクローズアップされる中で、南山城に対する幕府—守護支配の再建が図られていくのである。

足利義材は明応二年二月十五日に京都を出発し、八幡を経て河内国に入り、畠山政長とともに正覚寺に本陣を構えた。従軍した奉公衆の中には、南山城の国人である水主（みずし）次郎の名前もみえている（『東山殿時代大名外様附』）。これに対して、畠山基家は誉田（こんだ）の南方の高屋城に本陣をおき、大和の越智・古市勢らも誉田に布陣して、幕府軍と睨み合う形となった。幕府軍は高屋城のまわりに軍勢を配置し、次第に包囲網をせばめながら基家の拠る本陣に迫っていった。緊張が高まる中で、越智・古市両氏を介して両畠山方の和平を探る動きもみられたようであるが、基家がそれを拒否したため講和が実現することはなかった（『雑事記』三月十七日条）。

明応の政変　三月二十日、伊勢貞宗（さだむね）の代官三上が越智氏のもとに下向し、将軍足利義材が不在の京都で新将軍を擁立する企てがあることを伝えて越智・古市両氏

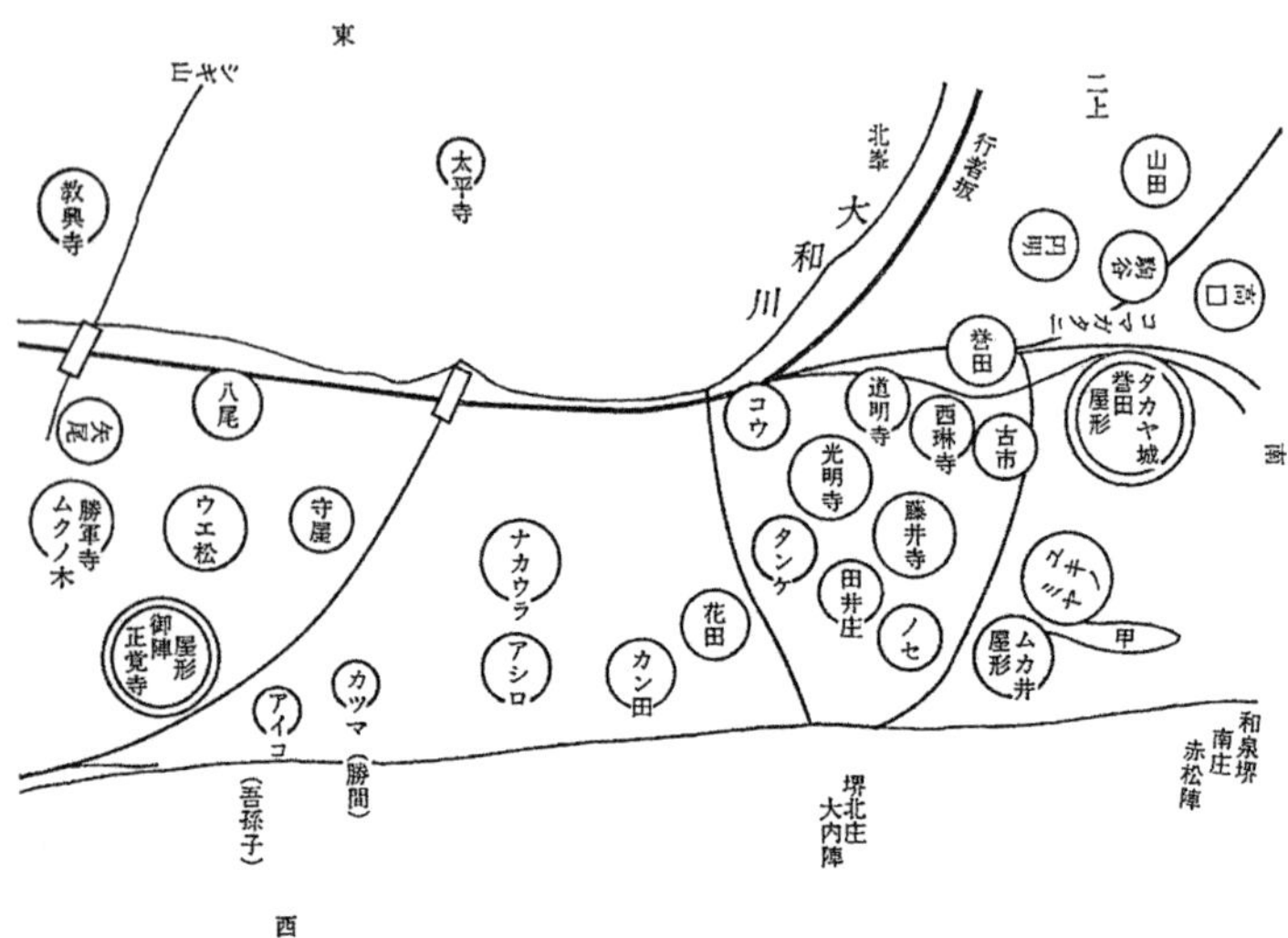

（『藤井寺市史』第４巻より）

を喜ばせた（『雑事記』三月二十一日条）。この計画は四月に実行に移され、細川政元が河内出張中の義材を廃立して清晃（せいこう）（のち義遐（よしとお）・義高（よしたか）・義澄（よしずみ）と改名）を新将軍に擁立するクーデターを起こした。いわゆる明応の政変と呼ばれる事件である。将軍不在の京都を守っていた葉室光忠（はむろみつただ）に代わって中央権力を握った政元は、諸大名を味方に引き入れながら足利義材・畠山政長を討伐する命令を発した。この政変により河内の形勢も一挙に逆転し、基家方が息を吹き返したのに対して、義材・政長の拠る正覚寺は包囲されて集中攻撃を受けた。大和でも越智・古市氏が優勢となり、政長方であった成身院順（じょうしんいんじゅん）

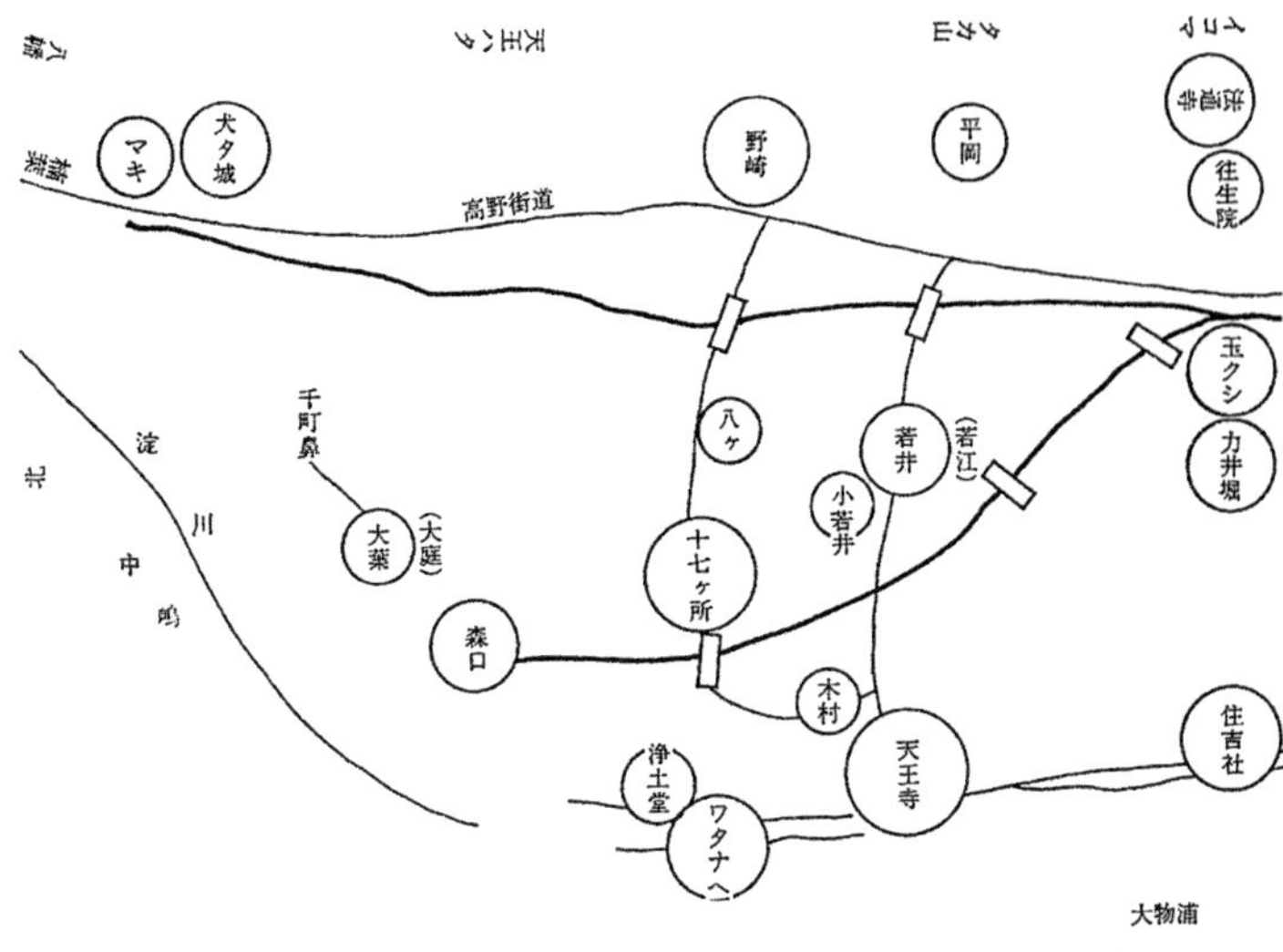

図17　河内合戦布陣図

盛（せい）や筒井氏は山城の加茂・瓶原（みかのはら）に落ち延び、宝来・秋原らも狛下司を頼って山城に没落している。閏四月二十五日、正覚寺が陥落して政長は自害、義材は捕らえられて京都に護送されるのである。

明応の政変勃発により、これまで討伐の対象とされてきた義就流畠山氏や越智氏・古市氏らは室町幕府―守護体制に復帰した。明応二年五月十九日、畠山基家は河内より数千人の軍勢を率いて上洛し、同じ日に越智家栄も多くの衆徒・国民を引き連れて大和から上洛を遂げた。古市澄胤も二十一日に上洛し、新将軍に拝謁している。

山城国衆の敗北

伊勢貞陸の動き

明応の政変を主導したのは細川京兆家（細川政元）と日野富子・伊勢氏を中核とする幕府内勢力であったことが明らかにされている。そして、注目されるのは、政所執事で山城守護を兼ねていた伊勢貞陸が、政変後、山城国内の寺社本所領に強硬な姿勢で臨んでいくようになることである。近衛政家は、貞陸が守護に補任された時の奉書に「古来守護請地の外は違乱あるべからず」という文言が載せられていたのに、貞陸は寺社本所領を一円的に知行しようとしていると非難している（『後法興院記』閏四月二十七日条）。五月には、山城は御料国であり、寺社本所領は貞陸の守護請地であるとして、諸公事物を伊勢氏のもとに収納するよう命じた蜷川親俊の奉書が発せられ

(『宝鏡寺文書』)、六月には山城の寺社領は「御公領」であるとして守護方が代官職につくことを通告してきたという(『廿一口供僧評定引付』六月三日条)。山田康弘は、政変後に幕府内で枢要な地位を確保した伊勢氏が、山城御料国化政策のいっそうの拡大と徹底を策し、従来は守護不入の寺社本所領にまで介入を強めようとしていたことを指摘している(山田『戦国期室町幕府と将軍』)。

このような伊勢氏の強硬姿勢に対し、山城の国人たちは反発を強めた。明応二年(一四九三)八月三日、室町幕府が相楽郡諸侍中に宛てて出した奉行人奉書には、「山城国の事、御料国として伊勢備中守貞陸に仰せ付けられ、同国寺社本所領、古来守護請地、例に任せ御成敗の処、これを承引せざる国民等ありと云々、はなはだ然るべからず、早く貞陸の下知に応ずべし、猶もって異儀に及ぶ輩あらば、罪科に処せらるべきの由、仰せ出され候なり」とある(『蜷川家文書』)。幕府はあらためて山城国を御料国として伊勢貞陸に仰せ付けたことを示した上で、伊勢氏による寺社本所領の守護請に従わない者の処罰を通告している。国人の間では伊勢氏に抵抗する動きが絶えなかったため、幕府は各郡の「諸侍中」に宛てて奉書を発給し、異儀に及ぶ者の処罰を宣言したのである。

ここに至って、「山城国守護職の事、伊勢守をもって定むべきの旨、国人ら申し合わすと云々」(『雑事記』八月十八日条)とあるように、国人たちは伊勢氏の守護職を受け入れることを取り決めた。このことをもって山城国一揆は解体したとするのが、一般的な理解である。

国人層の抵抗

しかし、八月十八日以後も、国人層の中にまだ抵抗を続けようとする動きがみられた。『雑事記』九月五日条には、「西薗寺殿領三个庄へ勢州より入部、地下承引せず面目を失いおわんぬ、随って山城守護職の事、辞退すべきかと云々、但し、相楽郡以下の事、古市持つべきかと云々」と書かれており、西園寺家領に入部しようとした伊勢氏が地下人によって阻止され、面目を失った伊勢氏は守護職を辞退する意向を漏らしたことがうかがえる。あわせて、同条は相楽郡以下の知行が大和の古市氏に委ねられるという風聞を伝えている。伊勢氏の守護職を実効性のあるものにするために、古市氏の介入が求められたのである。

実際、九月十一日になって古市澄胤の軍勢が南山城に進攻した。「山城国相楽群・ツ、キノ郡両所古市知行すべきの旨これを申す、京都よりこれを申し付けらると云々」(『雑事記』九月七日条)とあることから、澄胤は伊勢氏から相楽・綴喜二郡の守護代に任じられたものとみられる。この時、古市の代官である井上九郎の軍勢と、稲八妻城に立て籠った

図18　稲八妻城跡

数百人の山城国人衆との間で大きな合戦が繰り広げられた（『雑事記』九月十一日条）。戦闘により双方に多数の死傷者が出たようで、『政覚大僧正記』九月十二日条によれば山城衆の首が三十余り打ち取られ、『北野社家日記』九月十四日条には国衆二〇〇人ばかりが討たれたとされている。

『蔭涼軒日録』明応二年九月十八日条には、「当国の上二郡国衆出張し、もって当守護勢州に背く、大半は右京北の被官なり、勢州より古市に相語らい、背く族を退治す、当座打ち捕らえる者七十人ばかり、稲八妻の公文進藤父子、勢州の当参たり、而るに専ら勢州に背くにおいては、張本たる故、古市の兵一番に彼の館に発向す、竹木に至るまで尽くこれを掃い、一時に亡所と作す、進藤父子ゆく所知らずと云々、仍て稲八妻の儀につき、俄に上洛せしむと云々」とある。ここからは、相楽・綴喜両郡の国衆が伊勢氏の守護支配に従わなかったため、手を焼いた伊勢氏は古市勢に要請して国衆を退治する軍事行動を断行させたこと、国衆の大半は細川京兆家の被官であり古市勢の攻撃で七〇人ほどが打ち取られたこと、張本人である稲八妻の公文進藤父子は館を攻められて逃亡したことなどが読み取れる。

すでに述べたように、相楽郡の稲八妻は幕府御料所であり、当地の公文を務めていたのは伊勢氏の被官進藤氏であったが、進藤氏は寛正六年にも伊勢氏から罪を犯したとして討伐されたという経歴をもつ一族であった。その進藤氏が古市の上二郡守護代起用に反対する中心であったらしく、山城国衆の中で古市勢から真っ先に攻撃をうけたのである。

稲八妻で抵抗した数百人の国衆は古市勢の進攻により敗退し、ここに「惣国」による国持体制は解体するに至った。古市の成敗が認められたのは、東は十六宮から西は天神森の古場までで、郡代は一族の井上近江守であったとされる(『雑事記』十月二日条)。合戦には古市勢とともに畠山基家の家臣である誉田勢も姿をみせていたが、古市と誉田といえば、かつて国一揆が排除した畠山義就軍の主力である。彼らが南山城地域を制圧したということは、国一揆結成前の状態へ復帰したとみることもできよう。しかし、国一揆結成前と決定的に異なるのは、義就流畠山氏と古市氏が室町幕府—守護体制の中に組み込まれていたことである。

解体の要因

そもそも、明応二年九月の古市勢進攻は、半年前の明応の政変がなければありえなかったであろう。この政変で、義就流畠山氏や古市氏は幕府—守護体制の内部に組み込まれ、まもなく古市氏は南山城二郡の知行権を公的に獲得し、これに基づいて軍事進攻を敢行した。畠山氏の山城支配に抵抗する国人たちが中心になって起こした国一揆は、伊勢氏による守護支配強化と、義就流畠山氏および古市氏の幕府—守護体制への復帰に伴って解体したのである。

注意されるのは、打ち取られた国衆の多くが細川政元の被官であったにもかかわらず、政元が古市勢の南山城進攻に強く抵抗した形跡がみられないことである。この点に関して、家永遵嗣は伊勢・古市との同盟関係を優先する政元の政治判断に基づくものと解釈した（家永「明応二年の政変と伊勢宗瑞（いせそうずい）（北条早雲（そううん））の人脈」）。山田康弘も、前将軍派への対抗上、将軍義澄を擁する日野富子・伊勢氏との提携を重視せざるをえなかったと捉えている（山田『戦国期室町幕府と将軍』）。

このような中で、細川氏は自分たちを守ってくれる頼りになる存在ではなく、自分たちは見殺しにされるのではないかと、山城の国人たちは危機感を募らせることになった。必ずしも信憑性のある話ではないが、細川氏の被官を支援するために赤松政則が駆けつけるという噂がこの頃に流れていたという（『雑事記』九月十七日条）。これに対応して、「山城衆共、赤松を相憑み安堵すべく用意すと云々、細川数年これを相憑み、其の甲斐なき故と云々」というように、頼りがいのない細川氏に代わって赤松氏を頼ろうとする意見が国衆の間で生まれたとする風説も書き留められている（『雑事記』九月二十四日条）。

この後、細川氏は古市に対して自身の被官人の保護を申し入れたようで、十月二日と翌三日にはこれにどう対応するかをめぐって古市方の山城衆の会合が開かれている（『雑事記』十月三日条）。山城衆の中に古市方に転じた国人衆がいたことがうかがわれ、山城衆は内部分裂をきたしていたとみられる。国一揆の解体に関して、これを内部分裂が原因だとする見方があるが、国持体制を解体して幕府—守護支配の再建をはかろうとする圧力が強まる中で内部分裂が生じたとみるべきであろう。『雑事記』十月七日条には、「細川披官分ハ無為と云々、寺社領同じく違乱すべからずと云々」と記され、細川氏と古市氏の間で細川被官人と寺社領の保全について約束が交わされた。これによって、政元は従前どおり被官人を通じて南山城に影響力を及ぼす回路を確保できたのである。

十月二十一日、古市に敗れて逃亡していた牢人衆が稲八妻や狛の大北・大南に出没したため、古市勢は稲八妻周辺を焼き払った（『政覚大僧正記』十月二十一日条・『雑事記』十月二十二日条）。古市方の拠点は祝園と高林城であり、室・井上近江守の両人が大将として軍勢を統率した（『政覚大僧正記』十月二十四日条）。細川方が古市を討伐するという風説が流れたり（『雑事記』十二月五日条）、河内の畠山基家が古市に山城からの撤退を求めたりすることもあったが（『雑事記』十二月九日条）、実際にはそのような事態には至らなかった。

十月二十七日には、井上近江守が伊勢氏の代官蜷川中務丞に宛てて「ただ今の事ハ国衆乱入仕り、正体なく候の間、御成敗をもって静謐に属し候わば、上使の代管（官）重ねて給わり、年貢の事申し付け渡させせべく候」と認めた書状を送付し、賀茂社領奈島郷の保全に努めることを約束している（「賀茂別雷神社文書」）。井上近江守は大乗院尋尊から街道や諸関の統制を依頼されるなど、古市澄胤の郡代として、秩序の回復に励むよう期待されていたのである（『雑事記』明応四年正月十七日・二十八日条）。

南山城における室町幕府―守護支配の再建

古市氏の軍事支配

明応の政変は守護である伊勢氏の山城支配を強化させるとともに、河内畠山氏やその与党である古市氏を幕府―守護体制に復帰させ、その軍事力を南山城に投入させることを可能にした。守護伊勢貞陸―守護代古市澄胤―郡代井上近江守というラインで、南山城における幕府―守護支配の再建が成し遂げられていくのである。国一揆が畠山方の軍勢を撤退させて以来、室町幕府は南山城における国持体制を容認し、細川政元の被官人支配を媒介に間接的で緩やかな支配を指向してきたが、ここに至って守護―守護代を軸とする支配へと切り替えていくのである。

古市勢が反守護方の国衆を圧倒していくとはいえ、明応三年（一四九四）に入っても南山城では戦乱が沈静化してはいない。『後慈眼院殿御記』九月八日条によれば、なお伊勢貞陸の守護職を承認しない国衆がおり、古市勢に対陣して合戦を繰り返していたとされる。同年十月、阿波国守護である細川義春（よしはる）が山城の守護に任じられたと伝えられ、その被官である三好七郎次郎が入国して、宇治の橋寺に陣を取った。伊勢貞陸が守護職の辞任を表明したとする説が流れる一方、貞陸は辞任してはおらず伊勢氏の代官三上与次郎が水主城に籠って三好勢と交戦するという風聞も伝えられた（『後慈眼院殿御記』十月二十九日条・『後法興院記』十月二十八日条）。どうやら山城国衆の中に阿波細川氏と結んで貞陸に抵抗する動きがみられたらしく、細川義春は前将軍の足利義材につながっているとする説も流布している（『後慈眼院殿御記』十月三十日・十一月三十日条）。

河内勢の進攻

国人たちが守護方に背いてなかなか静謐（せいひつ）が実現しない中で、古市勢をバックアップしてきた河内の畠山勢が南山城に入部する動きを示すようになる。明応三年十月、畠山基家の家臣である木沢が山城に進攻し、狛新城に入城した（『雑事記』十月五日条）。基家の兵は山田や菅井を悉く焼き払い、狛下司を攻め立てるなど、各地で違乱に及んだ（『雑事記』十二月六日条）。翌四年には、やはり基家の家臣である遊佐弥六（やろく）が「山城守護」と号して入国した（『雑事記』十一月七日条）。遊佐勢は槇島（まきのしま）に夜打ちをかけて奉公衆の真木島三郎左衛門を三室戸に退却させ、つづいて当尾に乱入している（『後法興院記』十一月七日条・『雑事記』十一月四日・七日条）。明応年間（一四九二〜一五〇二）、東大寺法華堂衆が作成した籠名札には、綴喜郡の玉井荘を押領した者として、木沢又四郎・同荘代官狛北吉・遊座(佐)弥六・某遠江守・井手秀良の名が認められ、木沢・遊佐らの河内勢が狛・井手ら山城の住人と結んで寺社本所領を侵害する動きをみせていたことが読み取れる（萩原大輔「中世『名を籠める』文書論」）。河内畠山氏は、紀伊出兵に際して大和の越智・古市・番条や山城衆にも進発命令を発しており、南山城地域に強い影響力を有していたのである（『雑事記』明応四年三月十日条）。

こうした河内勢の動きは、細川政元の警戒心を高めていくことになった。明応五年八月、赤沢朝経（宗益）が率いる細川勢が遊佐弥六を攻撃するため山城に下った（『後法興院記』八月二十三日条）。細川勢の進攻をうけて、遊佐弥六は十月に山城より退散しており（『後法興院記』十月八日条）、古市氏の郡代であった井上近江守も山城から大和に帰国した（『雑事記』十月七日条）。こうして河内勢と古市勢が斥けられ、代わって政元の直接的な影響力が南山城地域に拡大していくことになる。翌六年には、政元の内衆である赤沢宗益と香西元長が上三郡・下五郡の守護代に起用され、守護である伊勢貞陸の山城支配を支えるという体制が確立するのである。

畠山尚順の進攻と細川勢の出陣

一方、河内では畠山基家の被官人の間で内紛が生じ、これに乗じて畠山尚順が紀伊から河内に進攻し、和泉や大和でも尚順勢が優位に立った。尚順の勢力は南山城にも波及し、明応七年六月に大和の筒井順賢の兵が稲八妻城を攻め落とし（『雑事記』六月十八日条）、八月には尚順方の和田弾正がこの城に入った（『雑事記』八月二十五日条）。木津辺の合戦でも尚順方が勝利し（『拾芥記』八月三日条）、尚順と結んだ相楽新は興福寺大乗院領である菅井荘に違乱を加えた（『雑事記』九月十一日条）。これに対し、山城八人衆が発向して筒井勢と交戦に及んでいる（『雑事記』八月十八日条）。

明応八年二月、畠山基家が河内で敗死し、その子義英は逃亡を余儀なくされた。勢いに乗った尚順は、北陸にいた前将軍義尹（義材から改名）と提携して都をうかがう構えをみせた。これに対し、政元は宇治に赤沢宗益・上野・遊佐中務、淀に薬師寺元一・同長忠・香西元長・内藤元貞、摂津に薬師寺国長を発向させて敵勢に備えた（『雑事記』九月三日条）。山城では尚順方の大和衆が田辺や下狛の辺りに陣取っていたが（「春日社司師淳記」九月五日条）、山城の大将として出陣した赤沢宗益は御牧城・槇島館・水主城などを攻め落とし(『後法興院記』九月二十六・二十八日条)、御牧・斎藤・相楽新らを没落させるなど尚順方を圧倒した(『雑事記』九月三十日条)。尚順方に追われていた三十六人の山城衆も、それぞれ帰国を果たしたという。十一月から十二月にかけて、宗益は数千人の兵を率いて山城に入部し、狛・木津と軍を進めた後、奈良に乱入して尚順方の成身院・筒井・十市(とおち)らを退散させている。

山城国守護のゆくえ

以上のように、明応五年以降、細川政元は赤沢宗益に軍事進攻を命じて河内畠山氏や古市氏を南山城から排除し、自らの内衆である宗益と香西元長を守護代につけるなど、従前にまして山城を直接的に支配する指向性を強めている。かつて国一揆が河内や大和の諸勢力を追い払って国持体制を実現した時には、政元は被官化していた山城国人たちを介して間接的に南山城に影響力を確保していたにすぎなかった。明応の政変を経て伊勢氏の守護支配が強まると、細川氏は古市勢や河内勢の南山城進攻を容認し、被官人らが維持してきた国持体制を解体させて幕府―守護支配の再建をめざす動きに手を貸す形になった。明応五年以降、細川勢の進攻で河内勢や古市勢が退けられたことにより、ようやく政元は山城を直接的に支配する条件を手に入れるに至ったのである。とはいえ、それでも政元自身が山城の守護職を掌握したわけではない。山田康弘は、細川京兆家と伊勢氏が共通の敵である前将軍派の攻勢を前にして、「守護伊勢氏―守護代京兆家内衆」という体制を作って協調する関係を築き上げたと評価している（山田『戦国期室町幕府と将軍』）。妥当な解釈であろう。

後年（永正四年〈一五〇七〉）、細川政元が香西元長らに暗殺されると、翌年周防から上洛して幕政の中枢を担った大内義興が山城の守護に任じられた。しかし、山城国内には多くの細川氏被官がいたため大内氏の守護支配は困難を極めたとされる（今谷明『守護領国支配機構の研究』）。山城をはじめ畿内周辺に分布する被官人の存在は、引きつづき細川京兆家の活動を支える権力基盤であったことがうかがえる。戦国期における細川氏の畿内支配は、被官関係という人的なつながりに依拠するところが極めて大きかったことが知られるのである。

山城国一揆とは何であったか?

山城国一揆をめぐる研究史

最後に、ここまでたどってきた山城国一揆の始まりから終わりまでの動きをふまえて、研究史を振り返りながら、その歴史的意義について考えてみることにしたい。

議会政治や自治体の先駆と捉える研究

本書の「プロローグ」でも触れたように、三浦周行「戦国時代の国民議会」は、中世一揆史研究の嚆矢をなす研究論文として重要な位置を占める。三浦によれば、戦国時代には身命財産の危害と階級制度の崩壊が武士以外の平民階級の覚醒を促し、都市でも農村でも自治団体を作り代表機関を設けて行政を担う動きが認められる。それを示すのが堺に代表される自治都市や農村における村々の団結であり、さらに大規模な形で一国民全部の団結を実現したのが山城国一揆であったという。三浦は、国一揆の意志決定機関を「戦国時代の国民議会」と表現し、わが国における議会政治や自治体の起源をなす動きとして高く評価している。

この論文において、国一揆は「武士以外の平民階級」「農民商工の如き下級の土民」を主体に「国民多数の意志」に基いて結成され、その結果、行政は「山城国民」の手に帰したとされる。武士本位の階級制度が崩壊に瀕す中で、「国民議会」は武士階級に対峙（たいじ）し凌駕する動きを示したというのである。これ以前の三浦は、山城国一揆にみえるような団体の独立性は動乱状況における一時的な現象であり、社会秩序が回復して統一が進むと消滅する運命にあると考えていたようであるが（岸本美緒「動乱と自治」）、この論文では国一揆のような自治団体が順調に発展していれば明治維新を待たずに四民一致・治国済民の政治が生まれていた可能性さえ指摘されている。中国革命の影響をうけた三浦の高揚した気分が伝わってくるようである。

この論文では階級制度と自治制度を結びつける形で議論が展開されているが、この段階の三浦の関心は動乱期の秩序形成の方に比重があり、階級的な内容への関心が前面に出てくるのはもう少し後のことであったという（岸本前掲論文）。もちろん、今からみると、三浦の研究には当時の学問水準に制約された素朴さが認められる。とりわけ、武士階級と平民階級の対立という構図は、国一揆を理解する上であまりにも単純であり、戦国期の複雑で流動的な勢力配置について目配りがなされているとは言い難い。国人と土民の差異や国一揆と土一揆の違いが無視されており、国一揆の内部構造についても注意が払われていない。このような弱点をもつ三浦の議論に対して、階級闘争の観点を前面に打ち出す中から新たな捉え方を示していったのが、次に述べる鈴木良一の研究である。

封建制の形成過程の中に位置づける研究

鈴木良一は、三浦の議論では曖昧であった国一揆の内部構造に目を向け、国一揆の原動力は全人民であったにせよ、表立って動いたのは国人であるとして、国一揆は土一揆ではなく国人の一揆として成立したことを重視する。そして、国一揆が農民闘争の発展過程の中で成立したにもかかわらず、荘園制に代わる新しい封建支配を打ち立てていく名主勢力（国人）によって、農民の動きが利用され踏み台にされていく事情を跡づけようとした。国一揆の成立と崩壊を通じて、荘園制の破壊と名主の勝利がもたらされたと捉え、新しい封建的勢力である名主勢力が農民を利用し裏切る中から領主制（純粋封建制）が展開したと主張するのである（鈴木「応仁の乱に関する一考察」・「純粋封建制成立における農民闘争」）。

鈴木の議論は、封建支配が形成されていく過程の中に山城国一揆を位置づけたところに特徴があり、国一揆が何よりも荘園制を崩壊させる歴史的役割を果たしたことが強調されている。しかし、とりわけ「名主の裏切り」「土一揆の敗北」とした点には批判が沸き起こり、農民闘争史研究が様々な角度から活性化することにつながった。一方、熱田公はそれまでの研究では国一揆の直接的な背景に関する考察が十分なされていないとした上で、国一揆は農民闘争の異常な昂揚を前提として独自の政権を打ち出したと評価しながらも、決して山城国人の力だけで国一揆が生み出されたわけではなく、細川・伊勢・両畠山氏や大和の衆徒・国民らの動きが密接に絡まりあう畿内の政治情勢と結びつき、その間隙をぬって成立したものであったことを主張した（熱田「山城国一揆に関する一考察」）。

山城国一揆を農民闘争の発展過程として捉える見方が一般的な中にあって、国一揆が農民の要求を含み荘家の一揆を足場にしたことは認めつつも、直接的には農民闘争ではなく在地領主連合による反守護闘争であったとする見方を打ち出したのが稲垣泰彦である（稲垣「応仁・文明の乱」）。稲垣は、庄家の一揆・国一揆・徳政一揆について、それぞれの一揆の目的、闘争主体の差異や発生地域の発展度の違いに目を向ける。そして、国一揆の主体はあくまで国人（在地領主層）であり、彼らによる地域的封建制の形成の動きが、守護による外部からの組織化と対立して国一揆が起きたと説く。この見方に立てば、南北朝期の反守護闘争として起こった国人の一揆と山城国一揆の間に本質的な差異はない。遠国では早期に荘園制が克服され領主制が展開したのに対し、畿内では荘園領主の支配が強いために、国一揆の形成が遅く、かつ直務要求という歪んだ形で起こったと捉えられている。稲垣説の提示をうけて、国一揆が農民闘争と言えるか否かをめぐって議論が展開していくことになる。

鈴木説と稲垣説は国一揆への評価は真っ向から対立しているように見えるが、ともに在地領主が荘園制に代わる新しい封建支配を打ち立てようとしていたとする認識を基礎に国一揆の性格規定を行おうとしていること、すなわち領主制理論に依拠している点で実は共通の基盤に立っているといえよう。そして、ここに両説の最大の問題点がある。鈴木の場合、国一揆の成立に領主制の発展を認めるばかりでなく、その解体においてさえ前進的な契機を読み取ろうとする。荘官名主層（国人）は農民を裏切ることにより、荘園制を超えて封建制への道を切り開いたというのである。こうして、国一揆の成立も解体も結局は領主制の勝利であったという議論が導き出されていくことになる。稲垣の場合には、鈴木とは異なり、幕府・荘園領主の重圧により国人は領主化の道を閉ざされ、領主連合の形態も小規模なものにとどまったため、国一揆が荘園領主の直務要求という歪んだ形の動きを示し、やがて国一揆自体の解体を招くという限界をもっていたことを主張する。畿内においては、領主制が順調に発展するのは困難であったということになる。

鈴木良一が国一揆を反荘園制の動きと捉え、幕府・守護の制度に対しては否定したり反抗したりするものではなかったと主張したのに対し、幕府や守護と真正面から対立してそれを否定したのが国一揆だと論じたのが黒川直則や柳千鶴である。

室町幕府の崩壊過程の中に位置づける研究

黒川は、とくに応仁の乱終結後の室町幕府が山城御料国化を一貫した方針として打ち出していたことを重視し、国一揆は山城御料国化を図る幕府や守護と真正面から対立してそれを否定するものであったと述べた（黒川直則「山城国御料国」・「東山山荘の造営とその背景」）。一方、柳は黒川の研究をふまえ、それまでの学説が国一揆の目標を寺社本所領の回復とみなし、荘園制との関わりを中心に議論してきたのに対して、両畠山軍への撤退こそ国一揆が要求したものであると論じ、国一揆による国持体制は守護使不入権を確保し自らそれを代行するところに特徴があると説いた（柳「室町幕府崩壊過程における山城国一揆」）。

鈴木や稲垣の議論のように戦国社会一般の問題として国一揆を論じるのではなく、山城地域の置かれていた独自の政治社会状況に着目し、幕府支配の抱える危機の進行が山城に矛盾を集中させていたことを見出した上で、国一揆と対立していたのは荘園制ではなく幕府―守護支配であったこと、そして国一揆を守護権の継承と捉える視点を明確に打ち出したことは重要な成果である。

黒川は荘家の一揆から国一揆への発展を説いており、国一揆を農民闘争と捉える立場に立っている。柳の場合も国人（土豪）が農民から規制されていたことを述べており、国一揆を国人一揆と同質のものとする稲垣説には批判的である。国一揆が内部矛盾により解体した後は、守護よりも守護代・郡代以下の在地勢力の手に権力が下降していって室町幕府の支配は崩壊に向かうと説明される。ここには在地の領主制の発展が幕府―守護を乗り越えていくという見方が示されており、村落の上層が領主化して封建支配者に成長していくとする領主制理論の認識が基本的に引き継がれていることを確認できよう。

これに対して、応仁の大乱後は幕府―守護の支配が崩壊しつつあったとする前提でなされてきた議論に疑問を呈し、幕府や諸権門が山城など畿内周辺になお存続基盤を有していたことに目を向けようとしたのが今谷明の研究である。今谷は、戦国期の畿内政権は、軍事的には細川氏の畿内分国を主たる基盤に、支配組織は前代の幕府諸機関を縮小しながら継承し、官制上は将軍を最高位に擁立しながら実質的に細川氏家督（京兆家）が幕府諸機関を総攬・指揮して統治する政権であったとし、これを京兆専制と表現した（今谷『室町幕府解体過程の研究』）。

今谷は国一揆が和泉・摂津・丹波など、畿内近国各地で起きていたことを指摘した上で、それらすべてが徹底的に弾圧されたこと、そして鎮圧の担い手は幕府や荘園領主ではなく守護領国制の展開（細川氏の畿内領国化＝戦国大名化）であったことを主張する。山城についても、両畠山氏が国一揆に退けられたことで細川氏が山城を領国として掌握する条件が整い、国一揆の鎮圧により細川氏の上三郡支配が開始されたとして、細川氏の山城領国化の確立過程の中に国一揆を位置づけようとしている。これは、国一揆が荘園制を否定する歴史的役割を担ったことを強調した鈴木や、国一揆は室町幕府や守護の支配を否定するものであったと捉えた黒川や柳と異なり、守護領国制の展開という政治過程の中に山城国一揆を位置づけようとしたものである。今谷の研究は石田晴男や末柄豊などに影響を与え、細川政元の役割を重視し、国一揆を政元による山城領国化という政治的な動きと結びつけて捉えようとする研究が盛んになる。国一揆研究が農民闘争史研究と切り離され、戦国期の畿内政治史の中に位置づける観点が重視されていくのである。

永原慶二「国一揆の史的性格」は、国人領主制研究の進展をふまえ、稲垣が提起した国人一揆と国一揆の同質性という問題に再検討を試みた論文である。永原によれば、国人一揆は中世後期における封建領主階級の基本階層である国人領主の結集体である。これに対して、山城国一揆を構成する「国人」とは、惣の諸規制をうけ支配階級としての領主的立場を独自に確立しえていない中間層であり、地頭的領主層の系譜をひくような国人領主ではなく、非支配階級に属す土豪＝小領主層であったと主張する。そして、土豪と農民の間に一定の統一戦線が成立していたところに山城国一揆や伊賀惣国一揆の特徴を見いだして、支配階級の結集である国人一揆と区別されなければならないと論じた。そして、国人領主の一揆が国人一揆であるのに対し、土豪と農民の連合体としての「惣国一揆」という概念を打ち出すのである。永原の説く惣国一揆像は、領主に対抗する性格をもつものであり、農民闘争に近いイメージで捉えられていると言えよう。

惣国一揆論の提起

池上裕子「戦国期の一揆」は、永原と異なり国人は被支配階級ではなく支配階級と位置づけた上で、山城国一揆の中に支配階級による国人一揆と被支配階級である農民の土一揆という二つの一揆を見出そうとする。両一揆は対立を内包しながらも、国人一揆の主導権のもと、国外勢力の追放という一点で結びついたとし、一揆の重層構造というところに惣国一揆の本質があると論じた。池上は、この観点から加賀一向一揆や伊賀惣国一揆・甲賀郡中惣も惣国一揆であり、国人一揆と区別されなければならないと主張している。

一方、惣国一揆論と細川氏による山城領国化論を組み合わせる形で新たな見方を提示したのが石田晴男「山城国一揆の解体」である。石田は政治史の観点、とくに細川政元の動向との関わりに注意しながら、解体期を中心に国一揆の位置づけを探る。今谷においては、国一揆が両畠山軍を撤退させたことにより政元が山城を領国化していく条件が整い、国一揆が鎮圧されたことをもって政元による上三郡支配が開始されたと解釈したのに対し、石田は政元がすでに大乱以降山城領国化を志向していたと主張し、国人の被官化と山城の領国化を同時進行する動きとして重視する。政元被官人らによる国一揆も山城領国化の過程で成立したと捉え、政元が国一揆を保護・支持していたことを強調するのである。そうなると、国一揆の弾圧・解体は政元の意図に反するものであったということになり、武力弾圧は政元の有力内衆であった上原父子が伊勢氏や畠山氏と共謀して行ったと結論づけている。

石田は以上の考察をふまえて、山城国一揆は政元を推戴し、国人を中核に土豪・農民をも糾合した惣国一揆であったと規定する。守護あるいはそれに代わるべき権力を推戴しつつ、実質的な権限の行使を一定度阻んで国持を実現したところに惣国一揆の特徴があり、それは政元による山城領国化が進行する過渡的状況において初めて可能であったと解釈するのである。このような石田の理解は、国人と土豪・農民の連合を認めつつも、それを上位権力の承認下で活動しえたとみる点で、永原や池上の惣国一揆論とは大きな違いが認められる。石田は、山城国一揆と同様の性格を乙訓郡一揆や甲賀郡中惣にも見いだし、紀伊においても門徒と諸勢力の共同戦線としての惣国一揆が成立したことを論じている。

以上のように、惣国一揆論の提起によって、国人の一揆と農民の一揆を統一的に捉える視点が打ち出された。山城国一揆にみられた自治的な動きは、畿内近国の各地で認められる地域社会秩序の確立をめざす運動の一端を示すものとして一般化されていくことになる。山城国一揆五〇〇年を記念して開かれたシンポジウムについて、石田が「山城国一揆が国人一揆とは異なり、国人と『土民』との二重の構成からなり、『土民』特に土豪・百姓の要求を強く反映した自治的な惣国一揆であるとする見解でほぼ一致していたように思われる」と評価しているように（石田「山城国一揆研究の課題」）、惣国一揆という見方が広く共有されていたのが一九八五年当時の研究状況であった。ただし、惣国一揆の概念規定が永原・池上・石田でそれぞれ異なっていたように、惣国一揆理解には論者によってかなり差があり、それが以後の議論に少なからず混乱を生む要因になっていくように思われる。

「地域社会論」の議論とその批判

一九八〇年代から九〇年代にかけて、戦後歴史学の基調をなしてきた階級闘争史観や封建制論が退潮する中で、勝俣鎮夫「戦国時代の村落」や藤木久志『豊臣平和令と戦国社会』・『戦国の作法』などは、領主と村落の「契約」関係を重視する議論を展開し、以後の研究に大きな影響を与えた。村や町の自律的秩序・自力救済機能を強調する研究潮流は、「自力の村」論とか「移行期村落論」などと呼ばれて、領主と農民の階級対立という旧来の研究の構図に根本的な疑問を投げかけた。湯浅治久は、惣国一揆を領主と百姓が重層的に結合した一揆と捉え、矛盾をはらみつつも両者が共同しえた点に地域の論理を背景とする「自治」や農民闘争の要素を見いだそうとした（「革嶋氏の所領と乙訓郡一揆」）。歴史学研究会日本中世部会運営委員会ワーキンググループ「『地域社会論』の視座と方法」は、合力関係にあった村々＝「地下」と在地領主が「地域社会」共通の政治的課題に直面してともに一揆を結成したのが惣国一揆だと捉え、惣国一揆を「地域社会」の政治的到達点と評価した。

これらの研究では、地域社会が自律的に公共的関係を形成していたと理解され、戦国期の権力もその中から成立してくるとされる。大名の統治権は、在地から生み出される公共的な秩序を支配の正当性の根拠とすることで存立しえたと把握するのである。惣国一揆については、地域社会の公共性を基礎に成り立つ戦国期固有の一揆であるとして前代の一揆との異質性が強調されることになる。しかし、「移行期村落論」においては、それぞれの地域社会の置かれていた具体的な状況や個別的な利害関係を捨象して、戦国期における地域社会一般の問題として議論が展開しがちである。惣国一揆の把握にしても、畿内近国における地域社会秩序の確立をめざす動きに一般化させて捉える傾向が強く、地域が直面した政治社会状況に対する配慮は乏しい。また、惣国一揆は村落・百姓と在地領主が結びついて成立するとされてはいるものの、重視されるのはもっぱら「自力の村」の方で、領主の存在は後景に退いてしまっている。

これに対して、池享は地域社会論的視角の重要性を説きながらも、村落の自立性を強調して領主支配を限定・間接化して捉える「移行期村落論」には違和感を表明する（池『戦国期の地域社会と権力』）。とりわけ地域を村落やその連合体に収斂させる傾向に疑問を投げかけ、領主の役割や中間層の位置づけがみえなくなっていると批判を加えるのである。池は、惣国一揆は大名領国と並ぶ地域社会の秩序・平和の維持をめざす地域権力の一類型と位置づけているが、それを地域社会の政治的到達点として高く評価する「移行期村落論」とは異なり、「惣国」は外部勢力の侵入などの危機的状況において臨時的に成立したもので、惣国一揆が担う課題は限定的であったことを指摘する。惣国一揆は戦国期畿内における公権力の多元性・流動性による支配関係の不安定化が生み出した危機への対応の所産であり、政治状況の変化により解消されるものであったとみるのである。惣国一揆論の拡散状況とも言うべき中にあって、惣国一揆の成立する条件や前提を検討して歴史的位置を明確にすべきだとする池の主張は重要であり、惣国一揆を危機への対応の所産と捉えるのも首肯できる。地域社会のみを取り出して論じるのではなく、それが何に直面していたかを戦国期の複雑で流動的な政治状況や権力構造と関連づけながら考察を深めていく必要がある。

川岡勉「室町幕府―守護体制と山城国一揆」は、山城国一揆研究が上からの編成を強調する見方と下からの規定性を強調する見方に分裂している状況を克服し、室町幕府―守護体制の展開過程の中に国一揆の位置づけを探ったものである。京兆専制論や山城領国化論の枠組に引きずられて細川政元の役割を過大評価する議論や、地域社会の自律性を強調して国一揆が成立する政治的契機を軽視する議論はともに一面性を免れない。国一揆を論じるにあたっては何よりも国人たちの主体性を基本にすえることが肝要であり、彼らが主導して地域的結集を実現したところに国一揆の本質がある。彼らによる国持体制がひとまず容認されたのは、南山城における幕府―守護支配が困難な状況を衝いたという事情によるところが大きく、幕府―守護支配の再建に伴って国持体制は崩壊していくと論じた。

近年、あらためて惣国一揆論に再検討を加えた呉座勇一は、乙訓郡「惣国」や南山城「惣国」を惣国一揆と把握することにどのような積極的な意義があるのか疑問を提示している（呉座「乙訓郡『惣国』の構造」）。呉座の指摘するとおり、惣国一揆の定義や性格規定は論者の間に差があり、史料用語としての「惣国」の語義も確定されないまま研究が積み重ねられてきたのが実情である。そのため惣国一揆をめぐる議論には当初から混乱の種が含まれており、戦国期の一揆の多様性を正確に吟味しないまま惣国一揆という評価が付与されてきた。呉座は在地領主と村落百姓の共同性を説く見解が成り立たないことを明らかにし、「惣国」は国人たちの組織であったとして、「惣国」を惣国一揆と捉える見方自体を否定している。惣国一揆という曖昧な概念に寄りかかることの危険性を鋭く問い直した研究として重要である。

国一揆をめぐる諸論点

国一揆の要求と活動範囲

南山城の国人たちはどのような要求を掲げて国一揆に立ち上がったのであろうか。国一揆は荘園制を崩壊に導く役割を演じたと評価した鈴木良一は、その国一揆が寺社本所領の回復を唱えていることに注意を向ける。鈴木によれば、両畠山方のうち義就派は荘園を破壊して代官請負をめざしたのに対し、政長派は荘園を維持して本所直務をめざすという姿勢の違いが認められるが、両者の差異は荘園制を倒す道筋や手段の面での対立にすぎないとされる。国一揆についても、荘園領主の直務に戻すよう求めたのは農民の願いを利用したものであり、義就派が撤退した後は直務の要求は撤回されるようになるという。寺社本所領回復の主張には、それを国人の共同管理のもとにおこうとするねらいが隠されていたとするのである。

これに対して、稲垣泰彦は国一揆が直務を要求したところに国一揆の限界や歪みを見いだし、国一揆が自壊していく原因を読み取ろうとしている。

このように国一揆の要求の中心が寺社本所領の回復であったとする見方が当初は強かったが、柳千鶴は『雑事記』の記事を丁寧に分析して国一揆の要求は両畠山軍の撤退であり、直務などを申し合わせた三ヵ条は国一揆が突き付けた要求ではなく、国一揆が掟法として定め置いたものであることを明らかにした。国一揆は何よりも両軍を追い払うことにより、守護使不入権を確保し、自らそれを代行しようとしたと論じたのである。これは国一揆を幕府や守護に敵対する運動と捉える柳の主張に対応している。

国掟法に掲げられた①両畠山方の山城入国禁止、②寺社本所領の回復、③新関の撤廃の三項目に関して、黒川直則や永原慶二・脇田晴子などは、国人よりも農民側の要求であったと主張している（黒川「地域史としての『山城国一揆』」・永原「日本史における地域の自律と連帯」・脇田「山城国一揆と自由通行」）。三項目に含まれる要求は荘園村落の共通の利害に基づくもので民衆的な性格が強く、農民が下から国人を突き上げて決議させたと捉えるのである。しかしながら、こうした意見は国一揆を農民闘争の発展から説明しようとする見方に捕らわれていることによると思われ、確実にそのようにいえる証拠は存在しない。『狛野庄加地子方納帳』には「国の掟法、諸本所領御直務たるべし、ことさら大和以下の他国の輩、代官としてこれを入れ立つべからずと云々、成物においては、荘民ら無沙汰致すべからずと云々」とみえるが、成物＝年貢を無沙汰しないよう荘民に求める記述からは、むしろ国人側の主導性が明らかに読み取れる。国一揆が村落に規制される面をもっていたにせよ、国掟法の内容を農民の側に引き付けて捉えることには慎重でなければなるまい。

　山城国一揆の地域的広がりに関しては、かつては南山城のうち相楽郡・綴喜郡の二郡とする見方が強かった。これは、国持体制の解体に際して古市澄胤が両郡の守護代に起用されて軍事進攻を行ったことに基づく理解である。しかし、それではなぜ宇治の平等院で国人の会合が開かれたのか説明しにくい。そこで、黒川直則や池上裕子は、相楽・綴喜・久世・宇治の四郡を一揆の範囲だとする見方を打ち出し、さらに後述する乙訓郡一揆と関連づけて乙訓郡まで国一揆の活動範囲に含める考え方もみられた。これに対して、森田恭二「『山城国一揆』再考」は、畠山両軍の戦陣が置かれた地域を検討して、宇治川以南の相楽・綴喜・久世の三郡が国一揆の範囲であったと主張した。森田は、国一揆に追い払われた斎藤彦次郎の軍勢が宇治川の対岸に退いていることからも、国一揆の支配地域の境界が宇治川であったことを指摘している。現在では、山城国一揆の広がりは上山城三郡であったとする理解がほぼ通説になったとみてよい。

ただし、前述したように、延徳三年（一四九一）には守護である伊勢貞陸（さだみち）が宇治大路氏に命じて宇治から多賀（たか）・奈島（なしま）の区間の警護に当たらせており、久世郡は国一揆による交通路支配の機能する範囲からはずれていた可能性が高い。この段階では、「惣国」による国成敗権は綴喜・相楽の二郡に限定されていたのではないかと思われるのである。そう考えれば、明応二年（一四九三）に伊勢氏が古市氏を守護代に任じて軍事進攻を命じたのが相楽郡と綴喜郡であった事実を整合的に理解することができる。

なお、山城国一揆が成立したのと同時期に乙訓郡でも国人の一揆が起きていたことが知られている。長享元年（一四八七）閏十一月三日付の乙訓郡国人等連署状によれば、六名の国人が「惣国の大儀」を掲げて郡内に所領をもつ寺社本所に申し入れ、郷々からの出銭納入に協力を要請したのである。乙訓郡一揆は明応七年にも確認され、「乙訓郡の面々」が談合を行い、当郡を「国持」とすることで、守護代から課された五分一税の免除を求めている。

乙訓郡一揆に最初に注目した水上一久は、これを山城国一揆と結びつけて解釈したが

(水上「文明十七・八年の山城国一揆について」)、鈴木良一は組織的なつながりは認められないと主張した。その後も今谷明や柳(川崎)千鶴などから関連を指摘する意見が出されたものの、森田恭二が乙訓郡における国人・土豪の連合は南山城の国一揆とは別組織であることを示して、今では直接的な関係はなかったとみられている。但し、守護勢力の介入を阻止するため国人の集会が開かれ、「国持」を図って荘郷に出銭や半済の納入を割り当てようとするなど、南山城と乙訓郡では国人主導の運営体制を共通して認めることができる。玉城玲子「一五世紀後半の乙訓における惣国について」は、乙訓郡一揆には一般土民の参加を見出すことはできず、各荘園の支配者層のみが参加した一揆であったことを主張しており、呉座勇一が指摘したように、乙訓郡「惣国」と南山城の「惣国」は基本的に同一の構造をもつ組織であったと考えてよいであろう。

国一揆の主体と内部構造

山城国一揆の性格をめぐって、それを農民闘争の延長線上で捉える見解が根強くある一方で、あくまでも国人の一揆であり農民は消極的支持を与えたにすぎないとする見解があり、さらに国人の一揆と農民の一揆を統一的に捉えようとする視点に立って惣国一揆論が提起されてきた。いずれの見方に立つにせよ、この一揆の中核に「国中三十六人衆」とか「山城国衆三十八人」と記された国人

（国衆）がいたことは異論のないところであろう。彼らの多くは、細川九郎（政元）に奉公する者たちであったという。とはいえ、国一揆を担った具体的な人名を明記した史料は残されていない。

しかし、構成員を探る手がかりが存在しないというわけではない。康正三年（一四五七）に「山城衆十六人」が木津氏に加勢して守護畠山義就勢と交戦しているが、この時に木津・田辺別所・狛らの諸氏が細川氏と結んで反畠山方として活動したことが確認される。文明二年（一四七〇）、細川氏の被官であった一六人のうち一二人が西軍に降参した時には、木津・田辺・井手別所・狛らが東軍に踏みとどまったとされる。以上に名前のみえる国人たちが、国一揆を起こした三十六人衆に含まれていたのはほぼ確実である。応仁二年（一四六八）に狛野荘加地子方が「十六人衆」によって押領された時に、菅井荘を違乱したとされる下狛の大北や大南も構成員であったとみてよかろう。さらに、文明三年に西軍大内勢に討ち取られた普賢寺中、畠山両軍が対峙していた時に義就勢に居城を追われていた水主、明応二年に伊勢氏の守護支配に抵抗した張本人として追討された稲八妻の公文進藤などの諸氏も同様である。これに対して、国一揆勃発前は義就方に加わり細川氏との間に距離のあった椿井や高林らの立場はやや微妙であるが、椿井氏が両畠山方の退陣を見越して代官職への補任を尋尊に所望しているから、やはり国一揆に加わった可能性は高いといえよう。

一方、幕府の奉公衆であった宇治大路氏や真木島（まきしま）氏なども国一揆の構成員とみる理解もあるが、森田恭二は彼ら宇治郡の国人が構成員であったことを示す史料は皆無であるとしてこれを否定している。国一揆の支配が宇治川以北に及んでいないことから考えても、宇治郡の国人は三十六人衆には含まれていないと判断すべきであろう。

すでに述べたように、康正年間以降、南山城地域では「山城衆十六人」とか「山城国十六人衆」と呼ばれた国人の地域的な結集体が生まれていた。守護系列による一元的な支配が展開せず、国人たちは一揆を結んで地域的な結集を図るとともに、細川氏の支援をうけながら守護支配の強化に抵抗する動きを示したのである。山城国一揆とよく似た構図が、既に十五世紀半ばには出現していたことがわかる。その延長線上に、約三〇年後の史料にみえる「国中三十六人衆」「山城国衆三十八人」が位置づけられるとみて間違いあるまい。『雑事記』文明十七年十二月二十六日条には「古川荘神人、相違なく三十六人其の意を得る」と書かれており、ここでも三十六人という人数を認めることができる。

ところで、国持体制が解体した後の明応八年九月、前年来山城に進攻していた畠山尚順（ひさのぶ）

勢を細川方が撃退した時にも、「三十六人山城衆」が帰国を果たしたとする記事が『雑事記』に認められる。この段階においてもなお、「三十六人衆」というまとまりが存在していたことが判明するのである。そうなると、「三十六人衆」は国持体制の解体後も存続していたということになる。「十六人衆」とか「三十六人衆」といった国人の一揆的な結集体は、国持体制の存続如何にかかわらず、潜在的に生き続けていたものと理解せざるをえない。

したがって、国人たちの一揆的な結集と、畠山氏の軍隊を撤退させて国持体制を実現したという出来事とは、区別しながら考察していく必要が出てくる。国人たちによる一揆的な結集の動き自体は、南山城以外でも各地で検出することができる。前述した乙訓郡一揆が「惣国の大儀」を掲げて郡内に出銭を割り当てたのをはじめ、和泉の国人は文明五年に「国一揆」として兵粮米を徴発したことが知られる。丹波では延徳年間（一四八九〜九二）から守護細川政元に背いた国人の一揆が起きている。摂津でも「摂州国人三十六人、守護に背き大内に属すと云々」（『経覚私要鈔』文明元年六月十六日条）という記事が認められ、彼ら国人は同十一年には幕府の寺社本所領還付政策に抵抗している。丹波や摂津における国人の一揆は細川政元の弾圧をうけて屈服することになるが、摂津の一揆が山城国一揆と同様に三十六人の結集体であったことは興味深い。ただし、南山城の場合には、国人たちの一揆的結集にとどまらず、守護に代わって国成敗権を担ったところに、他の国人一揆にみられない大きな特徴がある。

南山城の国人たちは集会を開いて「国の掟法」を定め、「惣国」という組織を結成して国持体制を実現した。山城「惣国」は年行司や月行事などの役職を整えており、月行事は「惣国」の意思決定をふまえて外部勢力との交渉の窓口として機能していた。月行事という役職は、中世の共同体的な組織に設けられた一種の幹事役であり、京都や堺、伊勢の宇治山田、近江の堅田など、畿内周辺の都市においても検出することができる。天文二年（一五三三）六月、祇園会の延期を命じた将軍足利義晴に対し、下京六十六町の月行事らが神事は中止されても山鉾巡行だけは行いたいと申し入れたことは有名である。戦国期の京都では共同体としての町が数多く成立し、月行事は町の自治的機能を象徴する役職であった。月単位の回り持ちで職務を担当するというあり方は、組織の構成員の間に上下関係が希薄であったことをうかがわせるものであり、中世における一揆的な編成原理にふさわしい役職ということができよう。

山城国一揆で認められる三十六人衆という結合も、畿内近国の都市や村落に認められる

「衆」と呼ばれた組織と重なり合う。自治都市として有名な堺の会合衆は、文明年間（一四六九〜八七）には一〇人から構成されていたが、戦国末期には三六人に増加したとされる。伊勢大湊の会合衆の場合は、構成員が二四人であったという。近畿地方の農村でも「十人衆」のように人数を名称の中に含んだ「衆」組織が広範にみかけられることが民俗学で指摘されている（福田アジオ『番と衆』）。三浦周行が早くに注目したように、国一揆の自治的な結合は同時期の都市や農村の動きと確かに共通した要素を含んでおり、組織の性格の違いを超えて編成原理における同質性をうかがわせるものといえよう。

国人たちの集団を上から組織された政治的・軍事的結合とみるか、それとも彼らの自主性に基づく日常的な連合体とすべきかは意見の分かれるところである。稲垣泰彦は、おそらく前者から出発して、次第に国人相互間の連携をもつ段階に到達したのであろうと主張する。彼らの結合は将軍の軍事編成の系統を引き、以前から細川氏と深い関係をもつものであり、上からの編成組織として出発したという面が強く、直接惣郷の結合を基礎とした連帯とは認めがたいというのである。これに対し柳千鶴は、「山城国十六人衆」や「国中三十六人衆」が「東方奉公」とか「大略細川九郎殿に奉公」などと記されたとしても、決して上から組織されたものではなく、独自に発生した衆中としての組織が上部権力に把握されたにすぎないと論じている。この点は国一揆の本質に関わる重要な論点であるが、国人たちが三十六人衆というような都市や村落と共通した集団を結成し、同様に年行事・月行事という役職を設置したこと、また三十六人衆の中には椿井氏や進藤氏など細川氏被官人以外の者も含まれていたと考えられることなどから、基本的には国人たちが自主的に作り出したものとみるべきであろう。

ただし、国人たちの集団が都市や村落と組織原理において共通しているからといって、それが民衆的な性格を帯びていたなどと即断してはならない。むしろ、国一揆の場合には在地領主である国人たちの主導性が色濃い。そうした差異を踏まえて国一揆の性格を見定めるためには、内部構造からだけではなく、国一揆をとりまく政治社会状況も視野に入れることが不可欠となってくる。

国一揆をとりまく政治社会状況

応仁の乱前後の幕府が、軍事的基盤（幕府直轄軍の掌握）と経済的基盤（将軍御料国）を確保するために山城の守護職を重視していたことは黒川直則によってクローズアップされたところである。幕府は山城を御料国化、すなわち将軍の直轄領に転化していこうとする意図をもっており、そのねらいが荘園年貢の五分一徴収や半済という形で顕在化していくことになる。両畠山氏が国一揆によって追い払われた後、幕府が政所頭人である伊勢氏を山城守護に補任したのもそのためである。

一方、国一揆が畠山両軍の撤退を実現できたのは、細川政元が国一揆を支援していたからであるとする見方がある。稲垣泰彦・石田晴男・森田恭二らがこうした見解を表明しており、とくに石田は政元が大乱以後から山城領国化を志向していたと捉え、政元被官人らによる国一揆も山城領国化の過程で成立したとして、政元が国一揆を保護していたことを強調した。これに対し鈴木良一は、国一揆が政元に利用された上で見捨てられたという面があったと指摘しながらも、国一揆自体は政元と関係なく国人自ら組織したもので、政元は彼らの動きをみて手を結んだのだと解釈する。今谷明の場合は、両畠山氏が国一揆に退けられたことで細川氏が山城を領国として掌握する条件が整ったと評価するものの、国一揆の成立は幕府や政元を震撼させるものであり、だからこそ政元は国一揆を鎮圧するためにも京兆専制の確立を急いだと主張している。

両畠山方の睨み合いが続く中で、事態を収拾するために細川氏の役割が注目を集めていくのは事実であり、従来から国人層と被官関係を築いてきた細川氏の守護起用が検討されるようになる。山城御料国化をはかる幕府が、両畠山氏をともに排除するため、政元の守護補任を検討していたことはありえない話ではない。そうした動きを背景として、国一揆が成立した可能性は確かにあるだろう。しかし、その場合でも政元に山城を委ねる動きは将軍家周辺から出てくるのであり、政元による山城領国化という視角から捉えるのは正しくあるまい。実際、長期対陣の終結、両畠山軍の排除という課題は、政元の守護就任によってではなく、政元被官を含む国人たちが両軍に問答を重ね、撤退要求に応じない場合には国一揆として攻撃をしかけると脅迫した結果、実現したものである。国一揆結成に際して国人たちが政元とどれほど連絡を取り合っていたかは不明であるが、何よりも重視すべきなのは、国人たちの側の主体的な動きである。事態を政元による畿内領国化という視角から論じていては、国一揆成立の最大の原動力となった国人たちの主体性が軽視されてしまうことになろう。

今谷明の京兆専制論は、戦国期の室町殿の権力は実質的に細川氏が実権を掌握したとして、細川氏の分裂と覇権抗争を軸に畿内政治史を描きだそうとしたものである。しかし、その後の研究で将軍独自の政務決定機構の存在などが明らかにされるようになると、京兆専制論は次第に影をひそめていった。ただし、京兆専制論は批判をうけても、政元による山城領国化については、なお多くの論者の支持を集めている。たとえば、末柄豊「細川氏の同族連合体制の解体と畿内領国化」は、今谷の京兆専制論を批判しつつ、京兆家が国人・土豪層の被官化を軸に幕府から相対的に独立した地域支配＝畿内領国化を展開していくことを指摘する。

政元による畿内領国化の議論を中心的に支えているのは、被官関係の拡大という現象である。京都周辺の国人・土豪層が細川・畠山・山名・伊勢氏らに被官化する動きは十五世紀前半から広くみられるところで、彼らが被官化するのは被官主が幕政に占めた有力な地位に由来するところが大きかったとみられる。南山城においては、守護畠山氏が国人層に圧力を加えて反発を生み、彼らの多くを細川氏の配下に追いやる結果を招いていた。細川氏は畠山氏にとってライバル的存在であり、被官人を組織することで畠山氏の守護分国にまで勢力を植え付けていくのである。

とはいえ、当時の被官主と被官人との関係は決して安定したものではない。たとえばもと畠山氏の被官であった摂津の吹田氏などは、応仁の乱では細川氏の被官として行動したが、離反して山名方に属したのち、再び細川氏に屈服し、ついで畠山氏に接近して細川氏に反抗する摂津国人一揆に加わるものの、最終的には細川氏権力に包摂されていくという。被官関係はかなり流動的なあり方を示すのである。

応仁の乱後、畠山両軍が対峙する中で、南山城の国人たちは否応なくどちらかにつくことを迫られていた。しかし、決して双方に強力に組織されていたわけではない。とくに政長方の勢力基盤は弱体であり、政長方に属した国人の多くは政元の被官人であったとみられる。また、政元被官人の一人である木津氏などのように、義就方・政長方の双方に軍勢を派遣した者もいた。戦闘が長期化する中で、国人たちにとって畠山両軍の対陣は次第に迷惑と感じられるようになっていったであろう。河内・大和・伊賀などの他国衆が南山城に多数進駐する中で、地元の国人たちは次第に疎外される傾向にあった。これは、彼らを被官化することで培われてきた細川氏の影響力の低下にもつながる。国一揆結成前夜の南山城地域において、政元が被官人の統制を通じて山城領国化を視野に入れる条件は乏しかったといわなければならない。

国持体制が成立すると、守護による分国支配の回路が断たれたことによって、南山城における細川氏の役割は以前にまして重要性を高めていった。とはいえ、被官人の統制は直ちに領域的な支配に結びつくものではなかろう。被官関係がどんなに展開しても、それはそのままでは領域支配にならない。それが、一種の公的な支配になるためには何らかの飛躍が必要となる。この点で、今谷が細川氏による山城掌握の実質的な完成を、政元配下の香西元長と赤沢朝経が伊勢氏の守護代に就任した明応六年の時点に求めているのは示唆的である。領域的な支配は、結局のところ幕府―守護支配との接点において実現したということになる。

十五世紀半ば以降、諸国では幕府が守護に国成敗権を委ねるようになり、国人の守護への被官化が一元的に展開していくのに対して、京都周辺では国人たちが特定の主人の配下に結集していくような動きは認めにくい。京郊の西岡は細川京兆家の被官人が多かった地域として知られているが、野田泰三によれば西岡国人の動向は転変極まりなく、一対一の強固な被官関係はみられないという（野田「西岡国人土豪と三好氏」）。野田はそこに荘園本所や幕府の支配が強固に残る京郊地域の特殊性を見いだし、それを克服して一元的な被官関係を構築しえなかった点に細川氏権力の限界を指摘している。

細川氏による被官化の拡大をもって領国化と総括する議論には、東国大名を指標に自己完結的な大名領国像を描き出そうと腐心してきた旧来の戦国期研究の影響を受けていよう。しかし、近年の研究では、こうした方法で全国の権力秩序を説明しようとする試み自体が疑問視されるようになってきており、複雑で流動的な畿内近国の権力状況に大名領国制論を当てはめる発想には問題が多い。被官化の進展を安易に領国化という表現に置き換えてしまうのではなく、多様性を特質とする戦国期社会のあり方を十分にふまえながら、各地域の権力秩序のあり方を見極める必要があろう。

国一揆の解体

国一揆が解体した要因については、鈴木良一の研究以来、一揆の内部構造にその理由を求める傾向が強かった。鈴木は、国一揆は農民の寺社本所領回復の願いを利用したという点で、初めから崩れる原因を内部に抱えていたと把握している。国一揆の解体は、当初に掲げていた寺社本所領回復の名目をはっきり捨てざるをえなかっただけだとするのである。一方で、国人の間にも内部分裂が生じていたことも指摘されている。鈴木は、古市勢の進攻を前にして、国人たちの一部は古市方と結びついて新しい封建支配をめざしたのに対し、細川方の国人は封建支配の分け前に預からなかった不満から古市勢に軍事的抵抗をみせたと解釈した。稲垣泰彦の場合は、細川政元と伊勢氏の対立を主張して、細川派の国人と伊勢派の国人の分裂という説明を加えている。

柳千鶴は、明応二年九月に国人たちが古市勢に軍事的に屈服したことよりも、それ以前の八月半ばに国人たちが伊勢氏の守護職を承認したことを国持体制の自己否定を意味するものとして重視する。これは、守護使不入権を確保し、自らそれを代行するところに国持体制の意味があるとする判断に基づくもので、妥当な見方といえよう。ただし、国一揆が伊勢氏の入部を認めたことについては、柳も一揆の内部矛盾に原因があると論じ、一つには内部の階級対立であり、もう一つは細川方と古市方の国人の分裂であると主張している。

このように国一揆の解体を一揆の内部構造の変化に求める傾向が強い中にあって、永原慶二は国一揆を可能にした政治的諸条件の変化の全体に目を向けないといけないと論じた（永原『下剋上の時代』）。この指摘は重要であり、とりわけ明応の政変によって伊勢氏の勢力が強大化するとともに、義就流畠山氏と古市氏が室町幕府―守護体制に復帰し、その軍事力を南山城に投入することが可能になった点は大きな政治状況の変化である。山城御料国化を基本方針としていた幕府は、これを背景に伊勢氏の守護職を承認するよう国人たちに迫った。このようにして、国持体制を解体して幕府―守護支配の再建をはかろうとする圧力が強まる中で、国人たちの間に内部分裂が生じたとみるべきであろう。守護支配を受け入れることを申し合わせた国人が生まれる一方で、なお抵抗姿勢を崩さない国人もいた。伊勢氏は古市氏を守護代に任じ、その軍事力をもって武力制圧を命じたのである。

なお、細川政元の態度について、鈴木良一は政元が国一揆を見捨てたと解釈し、今谷明は政元が国一揆を積極的に弾圧したと説いたのに対し、石田晴男は政元の有力内衆であった上原父子が政元の意図に反して伊勢氏や畠山氏と共謀して古市勢を入部させたと捉え、政元自身は国一揆を起こした被官人を見捨てたわけではないと主張した。国持体制解体後、政元が被官人の保護に動いていることからみて、石田もいうように政元を武力制圧の主導者であったとみるのは困難である。ただし、国人たちにとって細川氏が頼りがいのない存在と受け止められたのは事実であり、政元には南山城における幕府―守護支配の再建を阻止して国一揆を庇護しようとする強い姿勢は認められない。細川氏の態度が煮え切らないことに関しては、幕政上の権限を高めた伊勢氏との提携を優先する政元の戦略を説いた家永遵嗣や山田康弘の議論に説得力がある。

国持体制の解体後、政元は古市氏に対して自身の被官人の保護を申し入れ、古市氏も細川被官人の保全を約束した。国人たちの所領・所職は基本的に安堵され、細川氏との被官関係は維持されたのである。その後も古市勢と山城国衆の交戦、河内畠山勢の進攻、細川勢の進攻、前将軍派の畠山尚順勢の進攻など、引き続き不安定な状況が展開したものの、明応八年九月には細川勢が畠山尚順勢を撃退して「三十六人山城衆」が帰国を果たしたとされている。

畿内においては、被官人支配と守護による分国支配が重ならない場面がしばしば見受けられ、被官人支配は守護支配とは別の支配原理として重視されなければならない。しかし、それは守護支配が意味を失ったことを意味するものではない。かつて黒川直則や柳千鶴は幕府―守護支配の崩壊過程の中に国一揆を位置づけたが、実際には戦国期においても幕府―守護体制は変容を遂げながらも存続していった。国持体制解体後も伊勢氏が守護の地位にあり、その下で古市氏や政元被官がこれを支える仕組みが展開するのである。

田中淳子は、被官関係の積み重ねの上に成立した細川京兆家の山城支配は幕府―守護支配とは全く異質なものであったと捉えた上で、文明十年以降、山城では幕府の御料国支配と京兆家の領国化が同時並行的に展開し、やがて京兆家による山城領国化は、伊勢氏の守護支配を侵食・凌駕して幕府の御料国化を挫折させ、自らの内衆である香西元長・赤沢朝経（つね）を伊勢氏の守護代に就任させることで完成をみたと主張した（田中「山城国における『室町幕府―守護体制』の変容」）。こうして、幕府―守護支配は否定されたというのである。

しかし、そもそも応仁の乱後、細川氏の被官人が増加するのも、幕府における細川政元の有勢な地位と無関係ではありえない。だとすれば、それを幕府からの自立化の動きとみたり、幕府―守護支配の否定と捉えたりすべきではない。政元の畿内支配は幕府―守護体制という枠組みと無関係に展開したのではなく、それどころかこの体制に深く依拠しながら展開したはずである。明応の政変後の幕府内部の状況を検討した山田康弘は、幕政を主導したのは政元やその内衆ではなく、政変の一翼を担った伊勢氏を中心とする直臣勢力が幼少の将軍の権限を代行する形で幕政運営に当たったことを明らかにしている（山田「明応の政変以降の室町幕府政治体制に関する研究序説」）。政元は将軍権力との関係を安定的に維持することに留意しながら勢力拡大を図っていくのであり、伊勢氏の山城守護職を尊重する動きを示すのもそのためである。山城において守護伊勢氏―守護代京兆家内衆という体制が生まれたのは、京兆家による山城領国化が幕府―守護支配を否定したことを意味するわけではなく、守護伊勢氏と細川政元の協調関係の表われと捉えられる。戦国期の畿内では、細川京兆家の影響力、とりわけその被官人支配を組み込む形で幕府―守護体制の維持・再建への努力が続けられたとみるべきであろう。

山城国一揆の歴史的性格——エピローグ

山城国一揆（やましろのくにいっき）は、南山城という地域で成立した一つの特殊な事件でありながらも、この時代の抱えるさまざまな要素が複雑に絡まり合い、地域内外の諸矛盾が集約的に示されているという点で、戦国社会を象徴する出来事であったとみることができる。この一揆をどのように捉えるべきかをめぐってさまざまな研究が積み重ねられてきたことを紹介してきたが、それでは国一揆とはいったい何であったのか、本書の結論を示す時がきたようである。

史料を読む限り、国一揆を起こし国掟法を定め「惣国」を組織したのは、すべて「国人」とか「国衆」と呼ばれた人々であった。国一揆の主体は、当時の記録に「国中三十六人衆」とか「山城国衆三十八人」などと記された国人たちの集合体なのである。両畠山方が睨み合い、幕府のねらう山城御料国化も進展しないという状況の中で、彼らは両畠山方の軍兵を退去させて「惣国」と称する組織を作り、自主的に南山城を支配する体制、すなわち国持体制を確立した。国人たちが畠山氏から去状を獲得して守護不入権を手に入れ、それまで畠山氏が掌握してきた国成敗権を「惣国」が担う仕組みを作り出したのである。国人たちの多くは細川政元（まさもと）の被官であったことが国持体制の確立に有利に働いたとはいえ、国一揆が政元の山城領国化の一環であったとか、政元の支援により畠山氏の撤退が実現したなどと評価するのは、国人たちの主体性を軽視する見方であって正しくない。国持体制の解体にあたって、国人たちの間で数年来頼りにしてきた政元はもはや頼みにならないので赤松氏を頼ろうとする動きが生まれたように、彼らは自らの権益を庇護してくれる存在を主体的に選びとっていたのであり、決して政元の手足として動いてきたわけではない。ただし、両畠山軍が排除され南山城地域の安定が確保されたことは、寺社本所勢力をはじめ幕府や細川氏にとってもとりあえず歓迎すべき事態であった。そのため、「惣国」は直ちに弾圧をうけることなく、約八年の間、国持体制を維持したのである。しかし、明応の政変を機に本格化した幕府―守護支配再建の動きの前に国持体制は崩壊していくことになる。

国一揆を起こした国人は荘園の下司・公文クラスの階層で、荘内の中心集落に拠点を構え、荘園の収取構造に深く関与していた者たちである。彼らは名主百姓層から年貢以下の収取を実現することを職務としており、いわゆる在地領主と位置づけられる階級である。そして多くは細川氏・畠山氏・伊勢氏などと被官関係に結ばれており、応仁の乱の際には東西両軍の動員をうけて軍事行動を展開している。「三十六人衆」の一人であったとみられる狛山城守は細川勝元から感状を授かり、その子孫は織田信長から知行地を安堵されている。狛氏が信長から安堵された三一一石余の知行地は領主的支配を行う土地であり、自ら農業経営にたずさわるような面はもっていなかったとされる（吉田ゆり子「中近世移行期の『武士』と村落」）。狛氏が近世には大和の織田氏に仕官して離村し、そのライバルであった椿井氏も徳川秀忠に仕えて旗本として生き延びていったように、彼らは領主世界の一員として活動を続けるのである。

これに対して、国人に従って軍事行動に励んだ被官人の多くは、領主権力の末端に連なる一方で、有力農民として村落の上層構成員でもあるという中間的な存在であった。狛野荘の両沙汰人が狛氏や椿井氏の被官となっていたように、彼らはしばしば国人層に組織されて活動していた。しかし近世になると、狛氏の被官たちは村落にとどまり、名字をもつ「侍中」として地主的な土地所有を展開していたことが明らかにされている（吉田前掲論文）。近年の研究で「村の侍」と把握されているのは、このような人々であったとみてよかろう。長禄三年（一四五九）に山城国乙訓郡の上下久世荘の荘民が東寺に提出した起請文によれば、上久世荘は侍分二一名・地下八五名、下久世荘では侍分一一名・地下五六名の署名が認められ、「村の侍」は荘民の一五〜二〇％にのぼったことが知られる（久留島典子「中世後期の『村請制』について」）。

明応元年（一四九二）十月に一〇〇人ほどの山城国人が同心・申し合わせて新関を立てるとか、翌年九月に伊勢氏の守護支配に抵抗する数百人の国人が稲八妻城に立て籠もって古市勢と交戦し二〇〇人ほどが討ち取られるなど、国持体制の終盤に一〇〇人・数百人規模の国人衆の動きが史料に認められる。これに関して、柳千鶴や脇田晴子などは当初の三十六人衆から組織が拡大した可能性を指摘しているのに対し、森田恭二は三十六人衆の支配下にあった土豪・農民層が動員されたものと解釈している。十五世紀半ばに普賢寺の殿原七十余人が守護に抵抗して天王畑に立て籠もるという事件が起きていることなどを考えあわせると、「惣国」は三六人の国人を核としながら、数百人規模で配下の「村の侍」を動員する力を持っていたと考えるべきであろう。

これに対して、国人と区別されて土民と呼ばれた人々については、彼らが国一揆に確実に参加していたことを示す史料は残されていない。国一揆に関連して土民の動きが知られるのは、わずかに『雑事記』文明十七年十二月十一日条に「今日、山城国人集会す〔上ハ六十歳、下ハ十五・六歳と云々〕、同じく一国中の土民ら群集す、今度両陣の時宜申し定めんがための故と云々」とあるのが唯一といってよい。しかし、この記事にしても、国人の集会と土民の群集がどのように関連していたかを明示するものではない。また、この記事に出てくる土民が具体的にどのような人々であったかも明らかではない。

国人の集会が開かれた時に土民が群集している事実は、土民が国人たちの動きを支持していたことを予想させる。国一揆が両軍の撤退を求めた理由として寺社や民家への放火や軍事行動による地域社会の荒廃の進行が挙げられていることからすれば（『狛野庄加地子方納帳』）、国一揆の要求が国人ばかりでなく広範な地域住民の声を反映していた可能性は高い。おそらく、国人たちの集会が開かれることを聞いて群集した土民たちは、単なる傍観者ではなく、国人の動きを共感をもって受け止めていたのであろう。それは、国一揆のめざした方向が、土民の求める方向と重なる内容をもっていたためと考えられる。

しかしながら、それでも山城国一揆の主体はあくまで国人であり、農民や馬借らが国一揆の意思決定に直接参画したとか、土民たちが国持体制に関与したなどといった形跡は認められない。国一揆が掲げた国掟法にみえる三項目について、国人よりも農民側の要求であったとする主張があるが、こうした見解は国一揆を農民闘争の発展から説明しようとする見方に捕らわれすぎており、確実にそのようにいえる証拠は存在しない。むしろ、「惣国」が寺社本所領に半済を適用しようとしたのに対し菅井惣荘が免除を求めたり、国人たちが立てた新関について荘民が荘園領主に迷惑を訴えたりするなど、国持体制成立以後の史料は国人と土民の対立的な側面を伝えている。年貢以下を徴収し、土一揆が蜂起すればそれを鎮圧する立場にあった国人と、各荘園村落を構成していた一般農民が、階級的・身分的な差異を乗り越えて一揆的な結合に結集するという事態はそう簡単に起こりうるものではあるまい。

もちろん、南山城の国人たちは荘内の中心集落に拠点を構え、荘民と直接向き合って生活しており、有力百姓を被官化するなど荘内に勢力基盤を確保していた。狛氏が逐電すると狛野荘がたちまち「一庄不作」となり、百姓たちも狛氏に従って逃散したように、国人層と農民とのつながりは強いものがあった。国人たちの活動が村落や名主百姓から規制をうける場面は当然ありえたであろう。しかし、そうした側面があるからといって、国一揆が土民の要求によって引き起こされたということにはならない。国一揆を結成したのは一般農民ではなく、また中間層である「村の侍」でもなく、在地領主である国人層であった。山城国一揆はあくまでも国人の一揆であって、土民を一揆の構成メンバーとみるのは困難である。

国人の主導性の指摘は、鈴木良一によって早くから示されていたところであり、農民はごく消極的な意味での支持、すなわち邪魔はしなかったという意味で国一揆に関係したにすぎないと述べられていた。この鈴木の議論をさらに押し進めたのが稲垣泰彦であり、国一揆は国人の一揆であり、彼らによる地域的封建制形成の動きが守護による外部からの組織化と対立して国一揆が起きたと論じた。しかし、国一揆を農民闘争と切り離した稲垣の見解には、多くの批判が寄せられることになった。そして、国人の一揆と農民の一揆を統一的に捉えようとして惣国一揆論が提起されると、国人一揆と国一揆は別物だとする見方が強まり、稲垣説は乗り越えられたという印象を生み出した。その後、村落・百姓からの規定性を強調する「地域社会論」が登場すると、国人の主導性に目を向ける視点はますます弱まっていくのである。

しかし、惣国一揆論は稲垣の問題提起を克服したのではなく、かえって議論を曖昧にしただけだったのではないか。永原慶二が土豪と農民の連合体・統一戦線として惣国一揆論を提唱して以後、惣国一揆の本質は国人一揆と土一揆の重層構造にあるとした池上裕子、国人と土豪・農民の連合と捉えた石田晴男、在地領主と村落・百姓の共同・合力という観点を打ち出した湯浅治久や「地域社会論」の議論などが積み重ねられてきた。しかし、論者により概念規定が異なることもあって、惣国一揆論の提起は少なからず混乱を引き起こし、史料に「惣国」という言葉があれば直ちに惣国一揆の存在を見いだすような議論を生むことにもなった。

史料をみる限り、「国人」と「土民」、「国一揆」と「土一揆」は明確に書き分けられている。当時の記録に見いだせるのは「国一揆」や「土一揆」と呼ばれた一揆であり、前者は国人の一揆、後者は土民の一揆を指している。これに対して、「惣国」は国持体制を運営する国人の権力体の呼称であり、「惣国一揆」と呼ばれる一揆が応仁の乱前後の史料に確認できるわけではない。また、実態としても、一揆の重層構造であるとか、国人と土民・村落が連合・共同して一揆を結成した事実などが、各論者から明確なイメージを伴って示されているとは言い難い。起請文を取り交わし一味神水の儀式を行って国一揆を結成したのは、あくまで三十六人衆と呼ばれた国人たちであったと思われる。惣国一揆論が説くような、国一揆と土一揆が重層的に結合した姿を具体的に思い描くのは困難なのである。こうしてみると、惣国一揆論は研究者の思い込みが作り出した架空の議論であったように思われてくる。

南山城における「惣国」とは、国一揆を起こした国人たちが国持体制を運営するために作り出した組織であり、南山城における地域的な権力秩序を担う存在であった。惣国一揆の典型とされてきた山城国一揆にしても乙訓郡一揆にしても、そこに土民が積極的に関与した形跡は認められず、土民が「惣国」の構成員であったわけではない。だとすれば、国人と土民の対立が深まったことにより国一揆が分解したとするような見方が成り立つ余地はなかろう。

現時点で求められているのは、惣国一揆という曖昧な概念に寄りかかるのではなく、山城国一揆が国人の一揆であったという事実をまず正面から受け止めることであろう。ただし、それを稲垣が説くような領主制の成長過程で起きた反守護闘争という形で一般化し、南北朝期の国人一揆と同質視する見方に立つべきではない。同じく国人を主体とする一揆であるからといって、その歴史的性格が同じだということにはならないからである。また、稲垣の議論の前提となる在地の領主制の発展が幕府―守護支配を乗り越えて封建支配者を成長させていくとする領主制理論の構図も、そのままでは成り立ち難い。幕府―守護支配の枠組みは以後も根強く生き続け、それに代わる全国的な政治体制は織豊期まで生まれてこない。とくに畿内近国では、地域社会の秩序が幕府―守護支配の枠組みになお強く規定される場面が少なくない。

国人を主体とする一揆は、それぞれの政治課題に直面して多様な目的で起こりうる。南北朝・室町初期の国人一揆の場合は、室町幕府―守護体制が確立する過程で、内乱を沈静化させるため強力な権限を付与されて入部してきた守護が、国人たちのもつ既得権と衝突して起きるケースが多い。守護による国成敗権の強化に対する国人層の反発が主要因となり、国人たちの抵抗の結果、幕府による守護の更迭に帰結する事例もみられた。これに対して、山城国一揆の場合には、室町幕府―守護体制が変質する中で、当時の矛盾が山城に集中的に表われたことによって形成されたとみることができる。しかも、単なる守護の交替ではなく、国人たち自身による国成敗権の掌握という事態に発展することになった。そこには、戦国期特有の時代背景があったとみるべきである。

山城国一揆は、何よりも外部勢力を排除して戦乱状況を終息させることを目的としていた。それは国人たちの要求であると同時に、百姓や馬借など土民の声を代弁し、寺社本所の利害とも合致するものであった。南山城地域の安定を求める広範な声が踏まえられていたのである。それは、それまで両畠山軍の衝突に駆り出されてきた国人層が、畠山氏の利害から脱して「国」という言葉で表現される地域の利害を主体的に選び取ったことを意味していよう。「国」の論理、それは今日の住民運動につながる「地域の論理」と捉えることも可能であり、その基礎には荘郷の枠組みを越える地域社会の成熟が想定される。かつて三浦周行が注目した地方自治の先駆という側面、あるいは「地域社会論」の説く地域社会共通の課題に立ち向かったという側面は、確かに見いだすことができよう。国一揆は両畠山軍を退却させ、国持体制を成立させることによって、地域社会の直面していた危機を乗り越えたのである。

そして、それを可能にした条件は、室町幕府—守護体制の変質という状況であったと考えられる。幕府—守護体制においては、幕府の全国支配（天下成敗権）を守護が支え、守護の分国支配（国成敗権）を幕府が保証するというように、室町幕府と守護は相互に補完しあう関係で結びついていた。守護職の補任によって国成敗権が付与されたが、それは幕府の天下成敗権を背景としていたのである。ところが、十五世紀半ば以降、幕府—守護体制が変質すると、守護職補任という手続きを踏むことなく、実力で国成敗権を確保する動きが展開するようになる。応仁の乱における中央権力の分裂と求心力の低下は、その傾向に拍車をかけた。幕府に敵対する勢力が軍事力で諸国を制圧して国成敗を担当するという事態も生まれて、幕府の補任する守護職と国成敗権が乖離する現象が進行していくのである。そして、それは守護以外の勢力が国成敗権を掌握することに道を開くことにもなる。ここに、戦国期という時代の大きな特徴が見いだせる。

平等院における国人の集会開催を耳にした大乗院尋尊は、「凡そ神妙、但し興成せしめば、天下のため然るべからざる事かな」と書き記し、国一揆の動きを歓迎しながらも、あまり勢力が大きくなりすぎると天下のためによろしくないと危惧の念を漏らした。ここには、幕府の天下成敗権に依存する形で権門支配を維持してきた寺社本所勢力が、幕府を中心に成り立ってきた支配秩序が解体するのを恐れていた様子が示されている。両畠山氏を追い払ったことにより国成敗権を掌握した国一揆は、国掟法を定めて自らの国成敗権の内容を確定した。そこに認められる「惣国」の国成敗権は守護の権限を継承する面をもっていたが、守護による国成敗と決定的に異なるのは、幕府の天下成敗権を前提に成り立つものではないということである。尋尊が恐れたのは、国人たちの勢力が大きくなりすぎて

「国」の論理が「天下」の論理を脅かすことであったろう。それは寺社本所の支配権の否定につながりかねないからである。

以上のように、戦国期に成立した国人の一揆は、中央権力の弱体化に伴う天下成敗権の衰退のもとで、国成敗権を自立的に確保する可能性を保持していた。南北朝期の国人一揆と違って、単なる守護の交替ではなく、一揆自らが国成敗権を確保しうる状況が生まれていたのである。そして、山城国一揆はその可能性を現実のものにした。そういう意味で、山城国一揆は守護職と国成敗権の乖離、天下成敗権に対する国成敗権の自立化という戦国期の政治社会状況を象徴的に示す事件であったということができよう。

ただし、こうした戦国期の状況が直ちに室町幕府―守護体制の崩壊につながるわけではないことにも注意しておかなければならない。戦国期には、守護職と国成敗権の乖離という事態が深まりつつも、それを克服して国成敗権を再び天下成敗権のもとにつなぎとめようとする中央権力の試みが繰り返された。諸国においても、諸勢力の競合・対立関係の中で、中央権力と結合することにより国成敗権を確保しようとする動きが生まれている。南山城においても、幕府―守護支配再建の動きが本格化すると、国持体制は解体を迫られていくことになる。山城国一揆に地方自治の先駆という面があったにしても、それは幕府―

守護支配が困難な状況下で地域社会の危機を回避するものとして容認されたのであって、国一揆が永続的に地域支配を担うのは困難であった。幕府―守護体制の根強い存続という要素も、戦国社会を特色づける重要なモメントとして読み解いていかなければならないのである。

あとがき

本書のもとになったのは、一九九九年に発表した旧稿「室町幕府—守護体制と山城国一揆」(『歴史学研究』七二五、のち川岡『室町幕府と守護権力』所収)である。この論文は、大阪に住んでいた時代に『羽曳野市史』の編纂事業に関わり、そこで取り組んだ河内畠山氏の研究の延長線上で山城国一揆について考察を加えたものである。本書執筆の依頼を受けた時、旧稿を軸に肉付けしていけば、比較的容易に刊行にこぎつけられるだろうと考えていた。

ところが実際には、山城国一揆に関する分厚い研究の蓄積と向き合い、それをあらためて整理するのに予想以上の時間とエネルギーを要した。そして、結局、この作業は戦後の中世史研究を自分なりにたどり直す作業であることを痛感させられた。山城国一揆を論じることは、日本の中世社会はどのような時代であったかを問うことと不可分な課題だったのである。本書では、旧稿でも依拠していた惣国一揆論を放棄すべきだと考えるに至ったが、このテーマに取り組んだことによって、それぞれの研究者が各時期にどのような問題意識をもち、何と格闘してきたかがよく見えたような気がしている。

本書の主張を一言でまとめるならば、山城国一揆とは、南山城地域の国人たちが地域社会を維持するために外部勢力を排除した運動であったということになる。それを支持した土民の動きや、国人たちが頼みにした細川政元の役割も重要であるが、国一揆の主体が当地域の国人であったことは動かないところであろう。惣国一揆論はその点を曖昧に処理するものであるため、賛同することはできない。国一揆の成立を前にして、両畠山氏やそれに連なる大和の国人たち、山城御料国化をめざす室町幕府、南山城地域に所領を有する寺社本所勢力などは、さまざまな反応をみせたが、南山城の国人たちは諸勢力の狭間で国持体制を八年間にわたって維持していくのである。それは戦国時代の社会状況を象徴的に示す出来事だと捉えることができよう。

本書の執筆過程では様々な方々や関係諸機関にお世話になったが、先に述べたような次第で刊行にこぎつけるまでに、ずいぶん時間が経過してしまった。そのため、吉川弘文館で編集を担当していただくはずであった大岩由明氏は退職され、作業は永田伸氏に引き継がれることになった。刊行にあたり、関係各位に対してお詫びと感謝を申し上げる次第である。

二〇一二年九月

川岡　勉

参考文献

朝尾直弘「解説」（三浦周行『国史上の社会問題』岩波文庫、一九九〇年）
熱田　公「山城国一揆に関する一考察」（『国史論集』一、京都大学文学部読史会、一九五九年）
家永遵嗣「明応二年の政変と伊勢宗瑞（北条早雲）の人脈」（『成城大学短期大学部紀要』二七、一九九六年）
池　享『戦国期の地域社会と権力』（吉川弘文館、二〇一〇年）
池上裕子「戦国期の一揆」（青木美智男他編『一揆　2　一揆の歴史』東京大学出版会、一九八一年、のち池上『戦国時代社会構造の研究』所収）
石田晴男「山城国一揆の解体―特に『惣国一揆』の観点から―」（『信大史学』六、一九八二年）
石田晴男「山城国一揆研究の課題」（日本史研究会・歴史学研究会編『山城国一揆』、東京大学出版会、一九八六年）
市村高男「中世西日本における流通と海運」（橋本久和・市村高男編『中世西日本の流通と交通』高志書院、二〇〇四年）
稲垣泰彦「応仁・文明の乱」（岩波講座『日本歴史　中世3』一九六三年）
今谷　明『室町幕府解体過程の研究』（岩波書店、一九八五年）
今谷　明『守護領国支配機構の研究』（法政大学出版局、一九八六年）

榎原雅治「室町時代の旅館」（『加能史料会報』十三、二〇〇二年）

勝俣鎮夫「戦国時代の村落」（『社会史研究』六、一九八五年、のち勝俣『戦国時代論』所収）

川岡　勉「室町幕府―守護体制と山城国一揆」（『歴史学研究』七二五、一九九九年、のち川岡『室町幕府と守護権力』所収）

川岡　勉『室町幕府と守護権力』（吉川弘文館、二〇〇二年）

岸本美緒「動乱と自治―日中歴史イメージの交錯―」（村井章介編『「人のつながり」の中世』山川出版社、二〇〇八年）

久留島典子「中世後期の『村請制』について」（『歴史評論』四八八、一九九〇年）

黒川直則「山城国御料国」（『古事類苑月報』一〇、一九六八年）

黒川直則「東山山荘の造営とその背景」（『中世の権力と民衆』創元社、一九七〇年）

黒川直則「地域史としての『山城国一揆』」（日本史研究会・歴史学研究会編『山城国一揆』東京大学出版会、一九八六年）

桑山浩然『室町幕府の政治と経済』（吉川弘文館、二〇〇六年）

呉座勇一「乙訓郡『惣国』の構造―惣国一揆論の再検討―」（『東京大学史料編纂所研究紀要』二一、二〇一一年）

佐藤和彦「中世一揆史研究の軌跡」（青木美智男他編『一揆　1　一揆史入門』東京大学出版会、一九八一年）

末柄　豊「細川氏の同族連合体制の解体と畿内領国化」（石井進編『中世の法と政治』吉川弘文館、一

九九二年）
鈴木良一「応仁の乱に関する一考察」（一九三九年、のち「山城国一揆と応仁の乱」と改題して鈴木『日本中世の農民問題』所収）
鈴木良一『純粋封建制成立における農民闘争』（日本評論社、一九四九年、のち鈴木『中世史雑考』所収）
鈴木良一『戦国の動乱』（文英堂、一九六八年）
鈴木良一「山城国一揆ノート」（『日本歴史』二九六、一九七三年）
田中慶治「国人古市氏の馬借・関支配について―南山城を中心にして―」（『高円史学』一三、一九九七年）
田中淳子「室町幕府御料所の構造とその展開」（大山喬平教授退官記念会編『日本国家の史的特質　古代・中世』思文閣出版、一九九七年）
田中淳子「山城国における『室町幕府―守護体制』の変容―幕府の御料国支配と細川京兆家『領国化』―」（『日本史研究』四六六、二〇〇一年）
玉城玲子「十五世紀後半の乙訓における惣国について」（中山修一先生古稀記念事業会編『長岡京文化論叢』同朋舎出版、一九八六年）
永原慶二『下剋上の時代』（中央公論社、一九六五年）
永原慶二「国一揆の史的性格」（『歴史公論』二―二、一九七六年）
永原慶二「日本史における地域の自律と連帯」（日本史研究会・歴史学研究会編『山城国一揆』東京大

学出版会、一九八六年）

野田泰三「西岡国人土豪と三好氏―三好長慶政権成立の前提―」（東寺文書研究会編『東寺文書にみる中世社会』東京堂出版、一九九九年）

萩原大輔「中世『名を籠める』文書論―宝珠院現蔵文書のなかの籠名札・調伏札の紹介―」（『史林』九三―六、二〇一〇年）

福田アジオ『番と衆　日本社会の東と西』（吉川弘文館、一九九七年）

藤木久志『豊臣平和令と戦国世界』（東京大学出版会、一九八五年）

藤木久志『戦国の作法』（平凡社、一九八七年）

三浦周行「戦国時代の国民議会」（一九一二年、のち三浦『日本史の研究』所収）

水上一久「文明十七・八年の山城国一揆について」（『歴史学研究』六巻三号、一九三六年、のち水上『中世の荘園と社会』所収）

森田恭二「『山城国一揆』再考」（有光友學編『戦国期の権力と地域社会』吉川弘文館、一九八六年）

柳　千鶴「室町幕府の崩壊過程―応仁の乱後における山城国の半済を中心に―」（『日本史研究』一〇八、一九六九年）

柳　千鶴「室町幕府崩壊過程における山城国一揆」（『中世の権力と民衆』創元社、一九七〇年）

柳（川崎）千鶴「山城国一揆と応仁文明の乱」（『歴史公論』二―三、一九七六年）

山田康弘「明応の政変以降の室町幕府政治体制に関する研究序説」（『学習院大学人文科学論集』二、一九九三年、のち山田『戦国期室町幕府と将軍』所収）

山田康弘『戦国期室町幕府と将軍』(吉川弘文館、二〇〇〇年)
湯浅治久「革嶋氏の所領と乙訓郡一揆―『惣国一揆』の性格規定にふれて―」(『駿台史学』七七、一九八九年、のち湯浅『中世後期の地域と在地領主』所収)
吉田ゆり子「中近世移行期の『武士』と村落―山城国狛氏の動向を中心として―」(『人民の歴史学』一三三・一三四、一九九七年、のち吉田『兵農分離と地域社会』所収)
歴史学研究会日本中世部会運営委員会ワーキンググループ(稲葉継陽・菊池浩幸・釈迦堂光浩・田中克行)「『地域社会論』の視座と方法」(『歴史学研究』六七四、一九九五年)
脇田晴子「山城国一揆と自由通行」(日本史研究会・歴史学研究会編『山城国一揆』、東京大学出版会、一九八六年)

著者紹介

一九五六年、島根県に生まれる
一九七九年、静岡大学人文学部卒業
一九八六年、大阪大学大学院文学研究科博士後期課程単位取得退学
現在、愛媛大学教育学部教授

主要著書

『室町幕府と守護権力』（吉川弘文館、二〇〇二年）
『中世の地域権力と西国社会』（清文堂出版、二〇〇六年）
『山名宗全』（吉川弘文館、二〇〇九年）

歴史文化ライブラリー
357

山城国一揆と戦国社会

二〇一二年（平成二十四）十二月一日　第一刷発行

著　者　川岡（かわおか）勉（つとむ）

発行者　前田求恭

発行所　株式会社 吉川弘文館
東京都文京区本郷七丁目二番八号
郵便番号一一三—〇〇三三
電話〇三—三八一三—九一五一〈代表〉
振替口座〇〇一〇〇—五—二四四
http://www.yoshikawa-k.co.jp/

印刷＝株式会社 平文社
製本＝ナショナル製本協同組合
装幀＝清水良洋・大胡田友紀

歴史文化ライブラリー

1996.10

刊行のことば

現今の日本および国際社会は、さまざまな面で大変動の時代を迎えておりますが、近づきつつある二十一世紀は人類史の到達点として、物質的な繁栄のみならず文化や自然・社会環境を謳歌できる平和な社会でなければなりません。しかしながら高度成長・技術革新にともなう急激な変貌は「自己本位な刹那主義」の風潮を生みだし、先人が築いてきた歴史や文化に学ぶ余裕もなく、いまだ明るい人類の将来が展望できていないようにも見えます。このような状況を踏まえ、よりよい二十一世紀社会を築くために、人類誕生から現在に至る「人類の遺産・教訓」としてのあらゆる分野の歴史と文化を「歴史文化ライブラリー」として刊行することといたしました。

小社は、安政四年(一八五七)の創業以来、一貫して歴史学を中心とした専門出版社として書籍を刊行しつづけてまいりました。その経験を生かし、学問成果にもとづいた本叢書を刊行し社会的要請に応えて行きたいと考えております。

現代は、マスメディアが発達した高度情報化社会といわれますが、私どもはあくまでも活字を主体とした出版こそ、ものの本質を考える基礎と信じ、本叢書をとおして社会に訴えてまいりたいと思います。これから生まれでる一冊一冊が、それぞれの読者を知的冒険の旅へと誘い、希望に満ちた人類の未来を構築する糧となれば幸いです。

吉川弘文館

〈オンデマンド版〉
山城国一揆と戦国社会

歴史文化ライブラリー
357

2021年（令和3）10月1日　発行

著　者　川岡　勉（かわおか つとむ）
発行者　吉川道郎
発行所　株式会社 吉川弘文館
〒113-0033　東京都文京区本郷7丁目2番8号
TEL　03-3813-9151〈代表〉
URL　http://www.yoshikawa-k.co.jp/

印刷・製本　大日本印刷株式会社
装　幀　清水良洋・宮崎萌美

川岡　勉（1956～）

ISBN978-4-642-75757-7